JN291222

サッカー選手なら知っておきたい
「からだ」のこと

中村泰介・川端隆志・小田伸午 著

大修館書店

CONTENTS／目次

■はじめに……………………………………………………………………… 6
■特別寄稿──国見高校サッカー部・小峯忠敏総監督……………………… 8
　「動」──人が動く、ボールが動く、そしてこころが動く

第1章
知っておきたい一流選手のボール扱いのこと ……………………… 13

1　キック ………………………………………………………………… 14
　　　［1］蹴り足に体重を乗せる ………………………………………… 14
　　　［2］走る動きの中でキックする …………………………………… 15
　　　［3］一流選手のクロスボールは一味違う ………………………… 20
　　　［4］キック力って何? ……………………………………………… 22
2　ヘディング …………………………………………………………… 28
　　　［1］大柄な選手にも負けないヘディング ………………………… 28
　　　［2］打点の高いヘディングをするには …………………………… 28
　　　［3］長く空中にいるためには ……………………………………… 30
　　　［4］空中での軸の切り換え ………………………………………… 33
3　トラップ ……………………………………………………………… 35
　　　［1］トラップは引くのではなく押す ……………………………… 35
　　　［2］ミストラップって何? ………………………………………… 36
4　ドリブルの世界 ……………………………………………………… 42
　　　［1］知っておきたいドリブルでのからだの使い方 ……………… 42
　　　［2］シザーズ ………………………………………………………… 47
　　　［3］相手を惑わすドリブル ………………………………………… 49
　　　［4］背後からのプレッシャーに強いからだの使い方 …………… 52
5　オフ・ザ・ボールの動き …………………………………………… 60
　　　［1］一瞬の速さって? ……………………………………………… 60
　　　［2］「見る」のではなく「見ておく」 ……………………………… 61

●コラム
　　　1-1　ロベルト・カルロス選手の秘密 ……………………………… 18
　　　1-2　フランスラグビーのすごさの秘密 …………………………… 23
　　　1-3　外旋力を使ったパフォーマンス ……………………………… 25
　　　1-4　ヘディングは腕のポジションと上腕の外旋 ………………… 29
　　　1-5　地面から浮いた足が軸 ………………………………………… 40
　　　1-6　「武道（武術）」的な動きをサッカーに …………………… 54
　　　1-7　マークをはずす一瞬の動き …………………………………… 63
　　　1-8　スパイクの話 …………………………………………………… 64

第2章

知っておきたいディフェンスと「からだ」のこと ……… 67

 1 ボディーコンタクト ……………………………………………… 68
   [1] 守備をするときの「からだ」 ………………………………… 69
   [2] 相手に近い方の軸で当たる ………………………………… 71
   [3] コンタクトも外旋を使う …………………………………… 74
 2 さまざまなディフェンス ………………………………………… 75
 3 ディフェンダーの姿勢とステップワーク ……………………… 78
   [1] からだに力が入りすぎると内旋して動けない ………… 78
   [2] 早くアプローチする ………………………………………… 79
   [3] サイドステップ ……………………………………………… 82
   [4] すばやいターン ……………………………………………… 82
 4 スライディング ………………………………………………… 85

 ●コラム
   2-1 のれんに腕押し ……………………………………………… 72
   2-2 ジンガのあるスタイル ……………………………………… 88
   2-3 サッカー選手なら知っておきたい歯のこと …………… 90

第3章

ゴールキーパーなら知っておきたい「からだ」のこと ……… 91

 1 すばやい反応 …………………………………………………… 93
 2 ゴールキーパーは無意識で動く ……………………………… 94
   [1] 構えはニュートラル ………………………………………… 94
   [2] プレーエリア ………………………………………………… 96
 3 ゴールキーパーも股関節・上腕の外旋を使う ……………… 97
 4 前に出る ………………………………………………………… 98
   [1] 前への飛び出し方 …………………………………………… 98
   [2] プレジャンプ ……………………………………………… 100
   [3] ゴールキーパーの1歩目の感覚 ………………………… 101
 5 セービング …………………………………………………… 102
   [1] セービングは押す動作 …………………………………… 102
   [2] 遠くに跳ぶ？　早くボールに触る？ …………………… 103
   [3] ハイボール ………………………………………………… 104

●コラム
　　　　3-1　ゴールキーパーの泣き所 ･････････････････････････････････ 97

■日本代表ゴールキーパー・楢崎正剛選手に聞く ････････････････････ 106
　　昔も今も変わらないこと、それは基本

第4章
サッカー選手はフィジカルをどう考えるべきか ･･････････････ 111

　1　自己管理 ･･ 112
　　　［1］記録から客観的な判断を導き出す ････････････････････････ 113
　　　［2］食事と睡眠の重要性 ･･････････････････････････････････････ 114
　2　知っておきたいからだの仕組みと成り立ち ･･････････････････････ 115
　　　［1］発達段階に合ったトレーニングを行うこと ･･････････････････ 115
　　　［2］からだはどうなっているのか ･･････････････････････････････ 115
　　　［3］疲労とは何か ･･ 120
　3　サッカーの競技特性とからだの適応 ････････････････････････････ 121
　　　［1］サッカーで要求される走力 ････････････････････････････････ 121
　　　［2］体温調節と発汗 ･･ 123

●コラム
　　　　4-1　暑いところ寒いところで ････････････････････････････････ 125

付　録
二軸実践レポート ･･ 128

　①効率のよい動きを求め運動量アップ──京都府立桂高等学校サッカー部 ････････ 128
　②プレーの連続性、やわらかい身のこなし──京都府立向陽高等学校サッカー部 ･･･ 129
　③一試合を通して全力でかけ続けるアプローチ──大阪市立桜宮高等学校サッカー部 ･ 130
　④二軸動作の授業を受けて──京都大学4回生 ･･････････････････････････ 132

　　■おわりに ･･ 133

はじめに

　サッカーワールドカップドイツ大会で、わが国は残念ながら予選リーグで敗退し、決勝トーナメントに進出できませんでした。外国の一流チームの個人技に裏付けられた組織プレーが目立った大会でしたが、キック動作やトラップ動作などを見ていつも思うことがあります。それは、キックする足に体重を乗せるのか、立ち足に体重を乗せるのか、ということです。

　小学校低学年の児童たちのキック動作を観察してみると、サッカーの指導を特別に受けていない子どもなら、どの子も走りながら蹴り足に体重を乗せるようにしてボールを蹴ります。キックしたその足で着地して、そのまま走り続けていきます。わが国では、授業でも、クラブ活動でも、地域のクラブでも、まずはインサイドキックから教えることが多いようですが、その際に、「立ち足をボールの横に踏み込んで、安定して片足で立って、そして、蹴り足を押し出しなさい」と教えられます。走りながら蹴る子どもたちのキックは、大人の目には、いいかげんなキックに映るのかもしれません。

　インサイドキックにおいて、ボールに体重を乗せる（ような）イメージで蹴るのか、それとも立ち足にしっかり体重を乗せて蹴るのか――前者の蹴り方が「動的キック」といえるのに対して、後者は「静的キック」といえます。安定という言い方を用いるとすれば、前者は「動的安定キック」、後者は「静的安定キック」ということになります。

　静的安定キックの欠点を挙げるとしたら、まず、なによりキックのたびに動きが止まり、次の一歩の踏み出しが遅れてしまうことです。走りのリズム、流れが止まり、次の動きが遅れ、滑りやすいピッチでは足を取られて転倒しやすいというのも問題です。中田英寿選手もテレビ番組で次のように語っていました。「日本選手はパスした後、動きが止まっている。だから、パスを回しているうちに相手にプレッシャーをかけられると、フリーの選手にパスが回らずピンチになってしまう」。静的安定キックをパス動作に無意識的に用いている日本選手の課題を指摘していました。

　動的安定キックならば、蹴った足に体重を乗せるようにして蹴るので、その足が次の一歩となって着地します。走りのリズム、流れを止めないキックです。ピッチがぬかるんでいても、

滑らずにキックできます。立ち足にディフェンダーの足が絡んでも、立ち足で踏ん張っていないので、キックの精度が落ちにくいという利点もあります。

左右2本の脚（軸）で動作するものなので、その動作は「二軸動作」といえます。本書では、二軸（左右軸）の切り換えや、二軸の協調のさせ方が巧みな動作を「二軸動作」といいます。動的安定キックは、二軸の切り換えが巧みな二軸動作です。

「もっとサッカーがうまくなりたい」──サッカー選手なら誰しも思うことです。著者（中村）も小さい頃からサッカー選手になることを夢に見て、日々サッカーに明け暮れていました。多くの指導者と出会い、多くのプレーヤーと出会い、そして憧れの選手、マラドーナ選手や三浦知良選手のプレーを見よう見まねで練習し、自分のプレーを磨いてきました。

ある瞬間に「これだ！」と"からだ"でひらめき、感じる感覚を味わう喜びは何物にも代えられないものでした。一流選手の技を試合で自然と使えるときには、それはすでに自分の技となっています。それは使っているのではなく、自分流に使いこなせているのです。また、そこから新しいオリジナルな自分のプレーがどんどん生まれてきます。

著者（中村）は2006年、ドイツで開催されたワールドカップに行き、実際に世界の一流選手のプレーを生で見てきました。世界の一流選手が集う中に、またさらにキラリと輝く超一流選手がいます。そのプレーの一つひとつは何かが違います。決してそれは体格、筋力といったものだけではないと強く感じました。

本書は、その「何か」を皆さんと一緒に探っていくためのものです。おそらくその「何か」は頭で考えて見つかるものではありません。実際に"からだ"を動かし、"からだ"で考えることで「何か」を感じ取れるものと思います。言葉を越えて、感覚としてからだで響き合うものなのです。

さあ皆さん、彼ら世界トップ選手の感覚とプレーを一緒に"からだ"で探っていきましょう。そしていつしかそれはあなたの感覚となるでしょう。

著者一同

▶特別寄稿──国見高校サッカー部 小嶺忠敏総監督◀

「動」─人が動く、ボールが動く、そしてこころが動く

小嶺忠敏（こみね　ただとし）

大阪商業大学卒。長崎県立島原商業高校を経て、1984年長崎県立国見高校に赴任し、97年同校教頭、2000年から校長。現在は、長崎県教育委員会参与、国見高校サッカー部総監督。同校サッカー部は、高校選手権や高校総体などで優勝を重ねており、OBには、三浦淳宏、大久保嘉人、徳永悠平、平山相太ら、Jリーグなどで活躍する選手も多い。

「動く」こと──それは視点を変えること、そして自分の可能性を広げること。「動く」ことによって道は開け、「動く」ことによって成長する。

ピッチは2割、ピッチ外が8割

　昨今、先進国からの戦術やトレーニングメニューの導入よってわが国のサッカー指導者、選手の知識は大幅に増え、世界最先端のメニューを実践できる環境になりました。しかしながら、その理論が優先してしまい一番肝心なピッチ外の生活に目が行き届いてないという最大の欠陥があります。

　指導者のみならず、選手の条件としてもピッチ外のことをしっかり認識しなければなりません。指導者の経験を通していえることは、ピッチとピッチ外に置く比重は、ピッチが2割か3割、ピッチ外が8割近くになるということです。

　あるプロの監督も、高校生とは比重は若干異なりますが同じことをいっていました。サッカー選手のみならず、スポーツ選手ならばピッチ外の重要性をもっと自覚する必要があります。それとともに指導する側も、とくに中・高校生年代はピッチ外の重要性を認識しなければなりません。

　サッカーの練習のときにだけ集中しても、それ以外の私生活がルーズであったり、監督の前だけでいい顔をしたりするような選手は、いざというときにもろさが出ます。本当に高いパフォーマンスを求めるならば、ピッチ外つまりトレーニング外の生活にもっと気を配ることです。日常の行いそのものが、ここ一番という大事な瞬間に出るのです。

指導者は能力を見極める分析力、選手は個性
──大久保は「動物的感覚」、平山は「高さ」──

　指導者は選手の能力をよくよく分析しなければなりません。とくに育成年代の選手

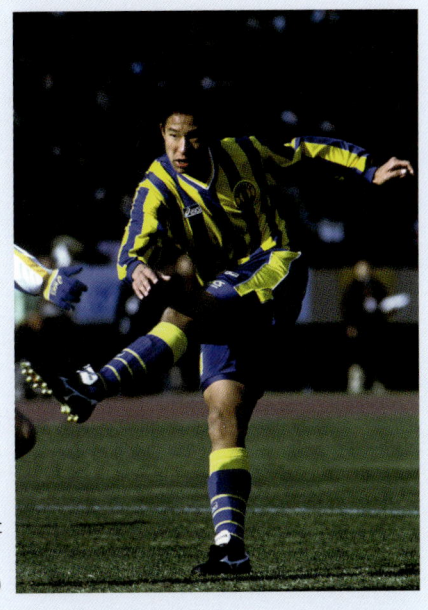

高校選手権の優勝に貢献した
国見高校時代の平山選手。
(写真：PHOTO KISHIMOTO)

を自分の知識や理論に当てはめようなどといったパズル的発想は決してしてはいけません。その選手の家庭でのようす、学校でのようすなどの情報をさまざまなところから入手し選手の特徴を分析します。この作業が選手の個性を引き出し、伸ばしてやることに大きく影響します。

　こんなエピソードがありました。何人かの指導者で北海道に行ったときのことです。飲み会の締めにみんなでラーメンを食べようということになり注文をしようとしました。ところがそこの大将が「あなたは醤油ラーメン。あなたは味噌ラーメン」と注文する前に食べたいラーメンをいい当てたのです。ちょうど一人の監督がトイレに行っていたので、その人が何ラーメンかと大将に尋ねたところ、「あの人は塩ラーメン」と断言しました。トイレから帰ってきた当人に聞いてみるとやっぱり「塩ラーメン」だったのです。

　なんでわかるのかと質問すると、その人の飲みっぷり、食べっぷり、話しっぷり、そして体型からだいたい何を食べるか長年の経験でわかるというのです。この大将の人を分析するという能力は、ラーメン一筋50年の経験がなさしめた、まさに匠の技です。個々の選手の能力や性格を見極めて指導してこそ、真の指導者といえるのではないでしょうか。

　選手が一流か二流かを見極める一つの基準は何かというと、何か一つ優れた能力があるか否かということがあります。能力と一言でいってもさまざまなものがあり、テクニック、スピード、パスなど、何でもいいから人にはない何かを持ち合わせているかどうかです。

　指導者は選手個々の能力を見分けること、選手は自分の個性、能力を活かすプレーを日頃から磨くことが大切です。卒業生でいえば、大久保嘉人ならば彼特有の「動物的感覚」です。とくに足が速いわけでもなく、高さがあるわけでもない。しかし、一度ピッチに立てば何ともいえない独特の鋭い感覚でゴールを狙います。平山は「高さ」という

能力を持ち合わせた選手でした。しかし、入学当初は足が非常に遅く、ボディーバランスのトレーニングなどに徹底して取り組ませ、高さを活かしたプレーを心がけさせ、今現在まだまだ成長段階ですが高校3年時にはあのようなパフォーマンスが発揮できるようになりました。

　選手の中にある何か一つ光るもの、輝くものを指導者は見出してやらなければなりません。その能力は選手によっては目に見えるものではなく、たとえば、ゲームの流れを読む抜群のセンスや、チームをまとめる統率力かもしれません。11人の組み合わせでチームがいかに機能するか、ここが指導者の腕の見せ所です。逆にすべての能力を兼ね備えている選手は今だかつて見たことがありません。そんな選手はまさに天才なのかもしれません。

　これまでの経験の中で一流になっていく選手の特徴として、練習に取り組むひたむきさ、謙虚な心、自分流のこだわり、そして大舞台でも物怖じしない精神力がありました。そしてなんといっても「チャンスをものにできる力」という絶対条件がありました。

理論・理屈にこだわっていては一流になれない

　これまでサッカーの礎を築いてきた名門校の監督たちは、確かに科学的なデータなどを手がかりにしますが、理論・理屈だけにこだわって日本一になった高校サッカーの監督は私の知る限り一人もいません。最後に大切なのは自分の経験とそこからひらめく感覚です。データは、こだわるものではなく、活かすものです。

　「ここまでやればいいだろう」、「まだコイツはやれるはずだ」などといった感覚は、やはり現場での経験からしか培えません。試合というものはシナリオ通りにはいかないのが常です。指導者にとっていろいろな戦術、トレーニング法を勉強することは必要な条件ですし、これがなくては向上は望めません。

　しかし、最後は自分の感覚です。机上でサッカーはできません。選手一人ひとりに適

した指導法、あるいは毎年選手が入れ替わるチームに適した戦い方、それは、理論というよりも、経験からくるものです。

常に動くこと、そして情熱を

「動く」ということの意味は、いろいろな捉え方ができると思います。私にとっての「動く」とはこういう意味です。同じところに止まっていても視点は変わりません。自分が動くことで視点が変わり、動けば動くほどその視点は増え、自分の幅を広げてくれます。そして自分の居場所を離れてみて、その居場所のよさが実感できるのです。「動く」こと、それは人生そのものです。

そしてもう一つ大切なことは「情熱」を注ぎ続けるということです。この「情熱」がサッカーの指導者としての私を突き動かした大きな原動力です。「情熱、岩をも通す」。たとえどんな巨大な岩であっても熱い熱を根気強く注ぎ続けることで、いつかは向こう側に熱が伝わります。これがまさしく人間教育の原点です。

第 1 章

知っておきたい
一流選手のボール扱いのこと

    1   キック
    2   ヘディング
    3   トラップ
    4   ドリブルの世界
    5   オフ・ザ・ボールの動き

◆コラム
  1-1 ロベルト・カルロス選手の秘密
  1-2 フランスラグビーのすごさの秘密
  1-3 外旋力を使ったパフォーマンス
  1-4 ヘディングは腕のポジションと上腕の外旋
  1-5 地面から浮いた足が軸
  1-6 「武道（武術）」的な動きをサッカーに
  1-7 マークをはずす一瞬の動き
  1-8 スパイクの話

サッカーのプレーというと、まず、攻撃におけるパスやシュートなどのキック動作や、ドリブル、フェイントなどのかわし技に見られるボール扱いを思い浮かべる人が多いと思います。まず、第1章では、オフェンスにおけるボール扱いについて見ていくことにしましょう。

1 キック

[1] 蹴り足に体重を乗せる

　写真1-1を見てください。ここでは左足が地面に着いていますが、立ち足が地面に着いているのは一瞬で、すぐに地面を離れてしまいます。体重を蹴り足に移動することで、たとえディフェンダーの選手がスライディングをしてきても、軸足をスッと抜くことができます。相手が立ち足に足を引っかけてきても倒れることもなければ、プレーが止まることもありません。

　ところが立ち足に体重をかけていると、相手がその足にからんできた場合、シュートが決まる確立はずっと低くなってしまいます。世界やわが国の一流選手のキックやシュートは、蹴り足に体重が乗っているのです。

これまでのキックの指導とは？

　著者（中村）がこれまでに受けてきたキックに関する指導の多くは、立ち足をボールの真横にしっかりと置き、つま先はまっすぐ蹴る方向に向けるというものでした（写真1-2）。

写真1-1　蹴り足に体重の乗ったマニシェ選手（ポルトガル）のシュート

（写真：PHOTO KISHIMOTO）

写真1-2　ボールの真横に立ち足を置く

写真1-3　走りの中でキックする

[2] 走る動きの中でキックする
インサイドキック

　従来、わが国でキックを学ぶときには、インサイドキックから始めることが常識でした。立ち足をしっかりボールの真横に置いて、その足でしっかり踏ん張って安定した状態をつくって、つま先を外に向け、足のインサイドの部分を押し出すようにして蹴る——こういう指導が、学校体育でもサッカースクールでも行われ、サッカーのキックのしかたはこうだよと、あたりまえのように教えられてきたように思います。しかし、このキックには、動きが一つひとつ止まって、キックの後の動きが遅れてしまうという欠点があります。

　サッカー競技において、ボールを蹴るという動きをみなさんはどのように考えているでしょうか。できるだけ強く蹴ること、できるだけ遠くへ蹴ること、変化するボールを蹴ることなどいろいろな考え方があると思います。

　ここで一つ考えていただきたいことは、サッカー競技において「走る」という動きはかなり大きなウェイトを占めており、「走る」と「蹴る」という動きを一体として捉えるか、それとも別物として捉えるかで、大きな違いを生むということです。走りの中で蹴る動きを行うと、止まるという作業は不必要になります。インサイドキックがその典型ですが（写真1-3）、アウトサイドキック、インステップキック、インフロントキックなど、さまざまなキック動作も、走りの中にキック動作が入ると考えるといいと思います。走りながら蹴るという感覚で行うと、キックの後の動作がうまくいくようになります。

> **Q** ここでみなさんに質問をします。写真1-4を見てください。右足で蹴った後、この選手は左へ移動しますが、最初に着地する足は立ち足の左でしょうか、それとも蹴り足の右でしょうか。

　答えは、キックした足が次の一歩目となっています。蹴ることと走ること、一つの足が一人二役をこなしていると考えてください。写真1-6はボールをキッ

写真1-4　最初に着地する足は？

写真 1-5　インサイドキックから次の動きへ

クした直後も、あたかもふつうに走っているだけのように走り続けます。著者たちは、このようなキックを二軸キックと呼んでいます（どの選手でも、右脚と左脚を切り換えて、走ったり蹴ったりして、二軸で動いているのですが、左右軸の切り換えがじょうずな動きをここでは「二軸動作」と呼ぶことにします）。

一方、写真 1-7 はボールに向かって走り、ボールを蹴るために立ち足に注意を払い、ボールの真横に踏み込みます。結果的には立ち足にどっぷり体重が乗り、蹴るためにわざわざ立ち止まることになります。このキックはフリーキックやコーナーキックの場面では有効な場合もありますが、わずかの時間とスペースしかない現代サッカーでは、写真 1-6 のような止まらないキックが非常に重要です。「走る」と「蹴る」の二つの動きを一体と考えた方が、次のプレーに移りやすいからです。

「インサイドキックは、立ち足をしっかりボールの真横に踏み込んで、しっかり体重をかけて踏ん張って、蹴り足を押し出すように蹴りなさい」と教えられることが多いようですが、このキックの癖が、一度身についてしまうとなかなか直りません。サッカーの初心者に、キックについてここから教えることがよいことなのかどうか、サッカー界全体で考えてみたいものです。

二軸キックの長所として、①動きが止まらない、②力まずに楽に（精神的にも肉体的にも）動くことが可能、③動き出し（予備動作）が相手に見えないので対人競技では有利、などが挙げられます。

わが国のサッカー界では、キックをするときの立ち足は、ボールのほぼ真横に置くことが基本とされてきました。止まったボールを相手のいない状況でただ遠くに蹴る、ということならばこのような「立ち足をボールに合わせる」という感覚でもいいのですが、絶えず動いているボールに対して、立ち足の位置を正確に合わせることは容易ではありません。世界やわが国のトップ選手は、相手がいてボールも動いている流動的な局面では、立ち足の位置はそれほど気にせず、「蹴り足をボールに合わせる」感覚で蹴っているように思われます。

写真1-6　蹴り足に体重を乗せた二軸インサイドキック

写真1-7　立ち足に体重を乗せた中心軸インサイドキック

　蹴り足をボールに合わせるようにすると、キックの後、からだがスムーズに前方へ移動します。つまり、二軸キックでは、動的安定動作で左右軸を切り換え、蹴った足が軸になって、次の動作へと流れていきます。これに対して、静的安定を求めるキックでは、蹴り足が前に出るときに体幹は後方にのけぞってしまいます。これでは、からだがその場に止まってしまうため、次の動きが遅れてしまいます。

　ぬかるんだピッチでキックするたびに倒れたり、滑ったりするような選手は、二軸感覚のキックをぜひ覚えたいものです。

TRY1-1　滑りやすい所でキックしてみよう

　滑る体育館の床などの上で、靴を脱いで、ソックスのままで（わざと滑りやすくして）、キックしてみよう。どうやったら、滑らないでいいインサイドキックができるか、試しているうちにきっとコツがつかめるでしょう。

コラム 1-1

ロベルト・カルロス選手の秘密

　左サイドの選手で世界一のキック力を持つ選手といえば、ロベルト・カルロス選手（ブラジル）の名前が真っ先に挙げられるでしょう。彼の放つ強烈なキックは、持って生まれた能力だけでなく、育成期に彼を指導したコーチの奇抜なアイディアがあったからこそ、今の彼があるといえるのです。

　ロベルト少年はサンパウロのガルサで生まれ、小さい頃から人一倍キック力があったそうです。しかしコーチはそれだけでは満足せず、もっと磨きをかけるために、ロベルト少年にスパイクをはかせず靴底がツルツルのアップシューズで強いキックの練習をさせました。蹴るとき、立ち足に大きなブレーキがかかってしまうと、立ち足が滑り全力で蹴ることができません。しかし、練習するうちにロベルト少年は全力でボールを蹴ることができるようになりました。次にコーチは芝に水を撒き、よりいっそうすべる状況を設定して練習をさせたそうです。なるべく立ち足の設置時間を短くし、ブレーキをかけずに、助走スピードを最大限に活かしてボールを蹴らなければ、強いボールは蹴ることができません。この難題を練習に練習を重ね、クリアしたからこそ今の彼があり、世界ナンバーワンのキックを持つロベルト・カルロス選手になったのです。

写真1-8　ロベルト・カルロス選手
（写真：PHOTO KISHIMOTO）

（横浜F・マリノス　池田誠剛）

わが国ではなじみの薄いアウトサイドキック

　わが国ではアウトサイドキックは、あまりなじみのないキックと捉えられているようです。たとえば、近距離のパスを正確につなごうとすれば、ピンポイント動作のインサイドキックで蹴る選手が圧倒的に多いようです。それをアウトサイドで行ってミスをしようものなら、「横着するな」などの罵声が飛んできます。

　海外では、日本のインサイドキックの感覚がアウトサイドキックではないかと思われます。海外の選手では、動いているボールを、アウトサイドキックで蹴ることが多いようです。

　浮かした足（遊脚）の太ももを内から外に向かってひねる感覚（これを股関節の外旋動作といいます）で行うのがアウトサイドキックです。股関節を外旋させると、その側に体重が乗るというのが、からだ使いの法則です。左右二軸を切り換えて走る二軸ランニングも、股関節が外旋しながら着地していきます（『スポーツ選手なら知っておきたい「からだ」のこと』53ページ参照）。一流サッカー

1 キック

写真 1-9　動的アウトサイドキック

写真 1-10　静的アウトサイドキック（キックで終わってしまうアウトサイドキック）

写真 1-11　アウトサイドキックから次の動きへ

選手は、日常の走りであたりまえになっている外旋感覚を用いて、アウトサイドキックを行います。ドリブルでも、足のアウトサイドでボールを押し出すような遊脚の外旋感覚が、あたりまえの動作になっています。

よりスムーズな動きのアウトサイドキック

写真1-9（次のプレーに移りやすいキック）は蹴った後、蹴ったその足が次の一歩になり、走りの中にキックの動作があるかのようです。逆に写真1-10（キックで終わるキック）は、蹴った後、立ち止まっています。これは静的安定な動作で、キック後、からだは止まってしまいます。これは、これまで何度も強調してきたように、試合では不利な状況を生み出します。

写真1-11のアウトサイドキックの写真を見てください。このアウトサイドキックも写真1-9のアウトサイドキックと同じように、蹴った足が次への一歩となっています。中盤など、選手が密集している地域では、キックのためにわざわざ止まらず、走っている中でキックできることが流動的なプレーを可能にします。

[3] 一流選手のクロスボールは一味違う

クロスボールを上げるときに大事なことは何でしょうか。ゴール前に味方が入っていないのにクロスボールを上げてしまって、コーチに「ゴール前に誰もいないだろう」と怒られているシーンを少年や高校生の試合などでもよく目にします。

相手の陣地深くまで侵入して、クロスボールを上げるチャンスがあるのに、味方選手がゴール前に来るのを待って上げなければならないのでしょうか。答えは、ノーです。早いタイミングで上げられたクロスボールに飛び込む選手の貪欲さや、ゴールを奪う嗅覚の必要性を世界のサッカーは教えてくれます。

ベッカム選手など一流プレーヤーは、ゴール前を見ずにすばらしい弾道で際どいコースにクロスを蹴ってきます。味方チームの態勢が整うまでクロスを上げるタイミングを待っていたり、相手の状況をうかがっていたりしてはチャンスを失います。クロスを上げる際に重要なのは、一瞬のタイミングです。相手チームの

写真1-12　二軸クロスボールから前へ走り続ける

TRY 1-2　置いてあるボールを走ってきた方向と直角に蹴ってみよう

　　二軸感覚でクロスボールを上げるときも、蹴り足に体重を乗せることが大切です。下の写真 1-13 を見てください。蹴り足がボールに触れるときには、立ち足に体重はかかっておらず、蹴り足に体重がかかっています。そしてキックしたすぐ後、立ち足が蹴り足を追い越しています。ボールに対して真っ直ぐアプローチでき、キック後も決して動きが止まることなく走り続けることができるのです。キックは「すくうように蹴る」感覚で蹴ると鋭い角度に飛んでいきます。

写真 1-13　二軸感覚で直角にクロスボールを上げる

　防御態勢が整わないうちに、すばやいタイミングで精度の高いクロスを上げられるかどうかが重要です。味方チームの態勢が十分に整うのを待ってからクロスを上げるようでは、ゴールの可能性は低くなってしまいます。

　世界の一流選手は、相手、あるいは味方にとってもありえないようなタイミングと角度からクロスボールを上げてきます。しかも、限りなくゴールになる可能性の高いボールを蹴ります。相手のディフェンダーやゴールキーパーから見ると絶対に蹴ってこないという体勢からでも、信じられないような精度の高いクロスボールを上げてきます。

　写真 1-12 のキックは 90 度よりも鋭角に飛んでいきます。相手がクロスボールのコースを切ってくる（ふさいでくる）のに対して、その背後からクロスボールを通すというもので、相手にはまったく読めません。コツは「すくうように蹴る」感覚です。そして蹴った後も止まることなく走り続けることができます。

写真1-14　ジダン選手

（写真：PHOTO KISHIMOTO）

どのタイミングでも出せるパス

　クロスボールも立ち足に体重を残したまま蹴るのではなく、蹴り足に体重を移し換えて蹴るとうまくいきますが、ジダン選手（フランス）のあらゆるラストパス、スルーパスを見ると、やはり、クロスボールと同じように、蹴り足に体重を移し換えて蹴っています。

　なぜジダン選手は、ディフェンダーにとってまさかというタイミングでパスが出せるのでしょうか。ジダン選手の動きを観察してみると、右足・左足のどの部分でも、どんなタイミングでもキックできるのです。左右軸を頻繁に切り換える二軸動作で、どんなに細かいリズムも刻めます（写真1-14）。絶妙なタイミングで、ディフェンダーにとってみればまさかというときにボールが出てきます。いつでも立ち足に重心を残して蹴る感覚では感じることのできないリズムです。

[4] キック力って何？

強烈なシュートは筋力だけでは蹴れない

　わが国のサッカー界の課題としてよくいわれるのが決定力です。日本代表チームも、決定力が課題といわれています。試合中を思い出してみてください。ゴール前でゴールキーパーと1対1になったとしたら、あなたならどんな心境になりますか。「しめしめ」、「決めてやる」と思う人は、それほど多くないのではないでしょうか。

　「どうしよう？」などと一瞬迷うようなタイプの選手は、迷いを払うために思いっきり蹴ります。精神的な迷いを払うことはいいことなのですが、そこで動作に力みが出てしまうのは問題です。力むことでものすごいシュートが入るという考えこそがいちばん厄介な落とし穴です。力感を捨てることで、シュートの動作や感覚はガラリと変わります。

　強烈なシュートは、からだに力が入っていなければ蹴ることができないのでしょうか。力むと力がこもるため、力感が強くなります。しかし、いい動作では力感が消えます。立ち足を接地させたら突っ張った状態ではなく、力まず膝を柔軟に抜きながらシュートを打てば、蹴り足に体重と加速で得た力が移っていき、さほど力感がなくても強烈なシュートが打てます。また、それにはゴールの枠の上にはずれないというメリットもあります。「蹴った後にホップさせなさい」という指導がなされることがありますが、これは意識してホップさせるのではなく、自然にホップしてしまうのです（写真1-16）。

コラム 1-2

フランスラグビーのすごさの秘密

　世界の一流プレーヤーは、ゴール前を見なくてもすばらしい弾道ですごいコースにクロスボールを蹴ってくるということで思い出しました。著者はラグビー日本代表のトレーニングコーチを7年間務めたことがありますが、日本代表とフランス代表の試合の後、通訳を通して、フランス代表の選手と話をしたときのことを思い出したのです。

　当時のフランス代表チームは、パスでつなぐハンドリングラグビーを標榜（ひょうぼう）するという意味では、日本代表チームと同じタイプのチームでした。しかし、試合は50点ほどの差が開き、完敗でした。日本のラグビーは、サインを出して、決め事をあらかじめ決められた通りに行うパスプレーが中心でした。これに対して、フランス代表は、「シャンパンラグビー」といわれていたように、相手の隙を見抜いて、巧みに適応して、その空間に走り込む味方にパスを通すプレーを得意としていました。次から次へと味方が湧き出てきて、パスがトリッキーにつながるその躍動感は、まさにシャンパンの泡がはじけるかのようでした。

写真1-15　ラグビーフランス代表
（写真：PHOTO KISHIMOTO）

　その試合中に、次のようなプレーがありました。タッチライン際でフランスのウイングの選手が日本選手にタックルされそうになって、タッチラインの外に出される直前に、味方選手を見ないで、山なりのパスをフィールド内に向かって投げました。たまたまパスを受けるフランス選手がいなくて、ボールは地面に落ちてしまったため、日本選手によってタッチラインの外に蹴り出されて、プレーは途切れてしまいました。このような場合、通常、日本では味方を見ないでパスをした選手が叱られます。ところがフランスでは、パスが投げられた空間に走りこむことができなかった選手が叱られるというのです。このようなチャンスのケースでは、阿吽（あうん）の呼吸で、味方を見ないでも空間にパスを送り込み、その意思を感じ取ってパスを受けるという意思疎通ができるのが世界の一流選手の常識なのです。

　パスは投げる選手と受ける選手の両方がいて成り立ちます。パスが通らなかった場合、パスをした選手だけを問題にすることが多いのですが、パスを受ける選手の動き方やその動きのタイミングの精度を上げることにも注目すべきです。受け手が上手になると、パスの技能も上がってくるものです。パスをする選手の技量を上げるには、パスを受ける選手が技量を上達させる。パスを受ける選手の技量を上げるには、パスする選手が取りやすい空間にパスを差し出す技量を磨く。強いチームは、味方の弱点を補って余りあるくらいに己の技量を上げることに生きがいを感じています。

（小田伸午）

第1章　知っておきたい一流選手のボール扱いのこと

写真1-16　自然にホップするキック

自然にホップするキックは、インサイドキックやインフロントキックなど、強く蹴るキックでとくに有効です。片足立ちでケンケンをするホッピングという動作を思い出してください。ホッピングの要領は、立ち足にしっかり体重をかけて、その足で地面を蹴る感覚だと勘違いしている人が多いと思いますが、そうではありません。

ホッピングの要領は、浮かした脚（遊脚）に体重を乗せ、その脚の膝を前に振り出して進みます。支持足のつま先に体重をかけて、つま先で蹴って足首を伸ばすような動作感覚で飛び跳ねてはいけません。支持足の足首は、むしろ曲げたままで、足裏全体で着地して、足首は曲がったまま足裏全体でパッと離れる感覚です。体重を振り出す脚に乗せながら、遊脚でからだを引っ張るような感じの、いわば「すり足ホッピング」です。体重を乗せた側を軸とすれば、軸は浮かせて振り出す脚の方にあります。すり足ホッピングを行うことで、遊脚を軸とする感覚がつかめます。そして、この練習をすると、走りの動きがよくなります。

インサイドキックやインフロントキックも、このようなホッピング感覚で行うと、いいキックを蹴るきっかけをつかむことができます。いったん後ろに下がった状態から切り返して、前

写真1-17　シュート後のシェフチェンコ選手（ウクライナ）

（写真：PHOTO KISHIMOTO）

コラム 1-3

外旋力を使ったパフォーマンス

　私は、陸上競技の砲丸投において、右股関節の使い方がたいへん重要であると考えています。その一つのポイントとして、グライドを完了したとき（両足が接地したとき）に、右股関節を内旋させるよう選手に指導しています（右投げの場合）。それは右股関節の「外旋力」を投げるときに利用したいからです。

　グライドを完了したとき（写真1-18）、上体は投擲方向に対して背を向けた状態になっており、その瞬間に意識的に右股関節を内旋させることでねじれた状態がつくれるからです。そのねじれた状態から投げ動作に入ることで、右股関節を中心とした回旋運動が起こり、外旋力が発揮されることになります。この外旋力は非常に重要な力で、これをうまく使いたいと思っているのです。

写真1-18　砲丸投での右股関節の内旋

　この外旋力の威力を実感したのが、外旋力を利用した威力あるインサイドキックでした。私はサッカーは素人ですが、これまでインサイドキックを蹴る場合、蹴り足を外旋させた状態で後方へ振り上げ、そのまま振り下ろしてボールを蹴っていました。これは、ゴルフのパターの動きを想像していただければわかりやすいと思います。この方法では、ボールに対して期待するほどのパワーを伝えることはむずかしく、パスが届く距離も短いものでした。

　これに対して、外旋力を利用したインサイドキックは、蹴り足を後方へ振り上げる際、内旋させてからスイングに入ります。スイングとともに蹴り足を外旋させながらボールにインパクトすれば、外旋力を利用したインサイドキックが可能になります。外旋力を利用したインサイドキックがボールに与えるパワーは私が想像していた以上のもので、ボールのスピードや距離は格段に伸びました。

　このように、外旋力の利用はサッカーのインサイドキックのみならず、あらゆるスポーツ・パフォーマンスにおいて有効だと感じています。陸上競技者もぜひこの外旋力をうまく使って、パフォーマンスの向上に役立てていただきたいと思っています。

（大阪市立桜宮高校教諭・陸上部顧問　山本幸治）

に鋭いインステップキックを蹴るような状況は、試合ではよくあります。体重を立ち足にかけて蹴る選手は、下がって前に打つキックが苦手です。しかし、ホッピング感覚、つまり遊脚が軸という感覚をからだに染み込ませておくと、いともたやすく蹴り足に体重を乗せて、鋭い弾道のキックを蹴ることができます（写真1-17）。

浮かした足でボールをタッチし、ホッピングをしながら、前進する練習をしてみてください。立ち足で蹴って進むのではなく、ボールにタッチしている足に体重を乗せながら、その足でからだを前に引っ張るのです。ボールを扱う足が軸ということが、からだでわかってきます。

ボレーシュート

空中に浮いているボールはどう蹴ったらいいのでしょうか。これも地面を転がっているボールをキックするのと同じように、世界一流のフォワードは、飛んでくるボールにキックする足を合わせる感覚、つまり蹴り足に体重を乗せる感覚でボレーシュートをしています。

同じボレーシュートでも、シャープに振り抜く豪快なものもあれば、強いボールにただ足を当てるだけのものもありますが、すべてに共通しているのは、立ち足の股関節を外旋させる（蹴る方向に膝を向ける）ということです。外旋させると、無理にからだを捻ったり、倒し込んだりという動きがいらず、ごく自然な動きになります。それは空中に浮いた状態でボレーシュートするときも同じことです。立ち足を外旋させることで空中でも自然な動きが可能となります。これは立ち足（支持足）が外旋する空手の蹴りの動きにも似ています（写真1-19）。

パスもそうですが、シュートもボールにからだが乗っていくという感覚が重要

写真1-19 空手の蹴りでの支持足外旋

写真1-20 キューウェル選手（オーストラリア）のボレーシュート

（写真：AFLO）

写真 1-21　体重が立ち足に残ったボレーシュート

写真 1-22　蹴り足に体重が乗った二軸ボレーシュート

です。ボールに乗っていくから、蹴る側の骨盤、足が支持する側の足を追い越していくのです。一方、体重が立ち足に残るボレーシュートは、立ち足でしっかり踏ん張り、貯めて貯めてキックします（写真 1-21）。このようなシュートも場合によっては必要ですが、飛んできたボールの強さをそのまま使ったり、ゴールキーパーのはじいたボールにすばやく反応したりするためにも、ボールに乗り込む二軸感覚をマスターしたいものです（写真 1-22）。

TRY 1-3　シュートの秘密練習

いつもより少し助走を長くとり、走ってきた速度を落とさずに、そのままキックしましょう。このとき、立ち足の踏み込む力や位置に気をとられると減速してしまうので、蹴り足に体重を乗せるようにしましょう。そうです、蹴り足に気持ちを込めるのです。そしてキックした後、立ち足が軽くポーンとホップし、ハードルを越えて走り出すような動きになります。シュート板や、コンクリートの壁などにシュートを打ち、その音の大きさでボールの威力を確かめることもできます。そして跳ね返ってきたボールにすばやく反応し、キャッチしにいきましょう。一人でもできるトレーニングなので秘密練習にはもってこいです。

② ヘディング

［1］大柄な選手にも負けないヘディング

Q 世界一流のディフェンダーの中には、大柄ではないのに、ヘディングに強い選手がいます。彼らは、なぜ大きな選手にヘディングで勝てるのでしょうか。ジャンプ力があるからでしょうか。コースどりがうまいからでしょうか。それとも、タイミングがいいからでしょうか。

この問題の答えはすべてが正解といえるでしょう。サッカー競技では、ゴールキーパーあるいはスローインのとき以外は手を使うことを許されません。そのため、大半は足を使いますが、頭を使うこともできます。頭を使うこと、つまりヘディングで相手に勝てるか否かが、試合の展開を決定づけてしまう場合もあります。

一言でヘディングといってもポジションによって目的が違い、やり方も違ってきます。たとえば、フォワードであれば高く跳んでゴールに叩きつける。ディフェンダーであれば高く遠くに跳ね返すといった具合です。そこには決して身長だけではない、からだを巧みに使った動きがあります。その中ですべてのポジションに共通する、ヘディングをするときのからだの使い方を考えていきましょう。

写真1-23　ヘディングで競るラーション選手（スウェーデン）

（写真：PHOTO KISHIMOTO）

［2］打点の高いヘディングをするには

打点が高いヘディングをするにはどうしたらいいでしょうか。それは、相手より「高い打点でボールを捉える」ということです。相手より高く跳び、相手より

コラム 1-4

ヘディングは腕のポジションと上腕の外旋

　ブラジルのあるコーチと一緒に、子どもたちにヘディングを教えたことがありました。その教え方は、①「前にならえ」をして、両腕の肘を90度曲げ、前腕が真上を向いた状態にし、②その両腕を勢いよく開いてヘディングをするというものでした。これは、上体を反らせて、その反動でヘディングをするというこれまでの日本の教え方とは一味違ったものでした。

　肘を曲げた状態で両腕を「前にならえ」をする構え（写真1-24①）は、上腕の外旋を意味します。外旋された上腕をそのまま水平に外転させ、胸を開きます（両肘の位置を水平に外に向かって開きます。写真1-24②③）。このとき、両方の肩甲骨が体幹を前方へ押し出すような感じがします。広背筋やいわゆる脊柱起立筋（抗重力筋）による体幹の剛体化がなされます。この作用を利用することでヘディングでボールを前へ運びます。

　腕のポジションとその動作を教えることによって、ヘディングのスキルを習得させようとする光景を見ていて、ブラジルサッカーのバックグラウンドの広さ・深さを痛感しました。

（河端隆志）

写真1-24　ヘディングのときの手の使い方

先にボールを捉えること、これがヘディングで競り勝つコツです。

　相手より高く跳ぶためには、ただジャンプ力を強化すればよいのでしょうか。相手がジャンプするのに手間取っている間に、こちらが先に跳べば、少し低いジャンプでも、競り勝つことは可能です。相手をはぐらかし、相手のいない空間に出て跳ぶことによっても競り勝てます。

早く跳ぶ

　みなさんは、ジャンプヘッドの練習をするとき、どういうことに気をつけていますか。高く跳ぶこと、より強くボールを叩くこと、ほかにもいろいろなことが考えられます。高く跳ぶことも強くボールを叩くことも重要なことですが、相手より早いタイミングで跳ぶということも、とても重要なポイントです。

早いタイミングで跳ぶことがむずかしい人は誰かに見てもらい、ワンテンポ早いタイミングで「ジャンプ」などの掛け声をかけてもらえばタイミングをつかみやすいでしょう。初めはボールにヘッドをしっかりヒットすることができなかったり、ボールに触れることさえできなかったりするかもしれませんが、次第に慣れてくると、早いタイミングで跳ぶことができるようになり、滞空時間も長くなり、より正確なヘディングができるようになります。

早く跳ぶと、ボールをインパクトしづらくなります。最初は落ち際などでボールを叩いてしまうものです。しかし、慣れてくるにしたがって、長い時間空中に止まっていられるようになり、ヘッドでしっかりとボールを叩くことができるようになります。

早いタイミングで跳ぶということは、今までの最高打点より低い位置で捉えることになりますが、打点は少々低くても、ボールを相手より先に叩いて競り勝つ確立が高くなります。高く跳ぶ感覚よりも、早く跳ぶ感覚を身につけましょう。少し早いタイミングで跳び続けることで、その感覚がふつうになってきます。

バスケットボールやバレーボール選手も、早くかつ高く跳ぶことを試合では求められています。どれだけ高く跳べるかというと、垂直跳の能力だけに目を奪われがちですが、早くかつ高く跳ぶ能力を身につけることを考えて練習する必要があります。これが相手に勝つ、あるいはゴールにボールを叩き込むことに大きく役に立ちます。また、バスケットボールやバレーボールの選手から、早く跳ぶという技量を学ぶことも有効です。他競技に思わぬヒントが潜んでいるものです。

[3] 長く空中にいるためには

ヘディングにおける滞空時間とは

ヘディングが強い選手は、滞空時間が長いといわれます。長く空中に停滞できる選手の動きには、ジャンプ力以外に何が隠されているのでしょうか。

かつてJリーグでプレーしていたエムボマ選手（カメルーン）はジャンプした

写真1-25　早く跳ぶ

とき、頭の位置がゴールポストより高くなり、そして一瞬、空中で止まったように静止し、そこから強烈なヘディングシュートを打ってくるといわれました。

物理的に考えれば、空中で止まっていることは不可能です。では、いったいどういうことなのでしょうか。実は、空中に長くいるように見えるプレーは、跳んで落ちてくるまでに二つ、三つくらいの動作を行っています。からだ全体が落ちそうになっても、からだのある部分、たとえばヘディングする側の上腕を外旋しながら上げたりすることで、空中でフワッと浮くような感覚になり、それが外から見ると、あたかも止まっているように見えるのです。

空中での腕の動かし方

Q 写真 1-26 と 1-27 はジャンピングスローの写真です。この両者を比較すると、左腕の使い方に大きな違いがありますが、それはジャンプにどのような影響を与えるでしょうか。

写真 1-26　片腕だけのジャンピングスロー

写真 1-27　反対の腕をじょうずに使ったジャンピングスロー

ヘディング動作での腕の動かし方について、ジャンピングスローと比較しながら考えてみましょう。写真1-26は右腕だけで投げて、左腕がまったく動いていません。逆に、写真1-27は右腕で投げた後にからだは落下しているのですが、左腕は地上とは反対方向、つまり上に向かって動いています。ジャンプしてなかなか落ちてこない選手は、確かにジャンプ力があることは間違いありませんが、実はこういう動きをやっているのです。跳んだ後、動作がもう一つ、二つあるということです。からだの落下は止められませんが、動作をもう一つ行うことで、あたかも空中に止まっているような状態をつくることができるのです。

今度は、ディフェンス側のヘディングの競り合いについて考えてみましょう。あなたは空中で相手フォワードと競るとき、一緒に跳びますか、後から跳びますか、それとも、先に跳びますか。

ディフェンダーには、相手のゴールキックやセットプレー、クロスボールを跳ね返さなければならないという役目があります。ヘディングが非常に強いフォワードに対しては、一緒につぶれてしまえばある意味でよしとされる場合もあります。このように考えれば、ディフェンダーの役割は、相手のフォワードに仕事をさせなければいいともいえます。その際に、相手より早く跳び、相手に跳ばせないという方法をレベルの高い選手はやっています。では、相手を跳ばせないようにするにはどうしたらよいのでしょうか。

相手を跳ばせない

ヘディングで相手に勝つ方法はいくつかあります。ここで考えてもらいたいのは、まずボールの落下地点あるいは自分がヘディングのできる空間をいち早く見つけることと、相手よりも先に跳ぶということです。落下地点に入るためにはからだの接触がありますが、ここで相手に負けないからだが必要となります。そして、相手よりも先に跳ぶことによって空間でのスペースを先に奪うことができます。そして空中でも上腕を外旋させるのです。そうすることで相手が自分の空間へ入りづらくなります（写真1-54参照）。

重要なことはボールに接触できる空間をいち早く認知し、跳ぶことで、相手が跳ぼうとしている空間を制して、相手を跳ばせないことです。相手が跳ぼうとした空間に先に跳んでいれば、もし相手がジャンプしてきても、その上にいるため、安定した状態でボールを捉えることができます。このようにして相手フォワードに競り勝つのです。

相手より早く跳ぶ動作とは、どのよう

写真1-28　相手より先に跳んで空間を制する

な感覚の動作でしょうか。膝と足首を大きく曲げてつま先に体重をかけ、時間をかけて地面を強く蹴れば、たしかに高くは跳べます。しかし、相手に競り勝って早く跳ぶには、踵に体重を落すような感覚で、すばやく抜重し、踵で支えてその反動ですばやく跳びます。感覚的な表現ですが、すばやく抜重するこの動作を「膝の抜き」といいます。

　もちろん、親指の付け根（拇指球）にも、離地の瞬間に体重がかかりますが、動作感覚としては、膝の支えを一瞬すばやくはずして抜重し、そのとき、踵に体重を落すような感じで行えば、後は、意識して拇指球で強く地面を蹴る必要はありません。結果的に地面から強い反力をもらうことで、からだが浮き上がってきます。

　バレーボールでアタックを止めるためにブロックする選手のすばやいジャンプなどにも、この跳び方が見られます。ヒントは、他の競技から入ってくることがよくあります。サッカー部に所属しているみなさん、サッカーだけに専念するのではなく、体育の授業のさまざまな種目の動きの中に、サッカーのヒントが隠されていることも忘れないでください。

　中学、高校の体育教員室は、実は非常にすばらしい環境だと思います。著者たちも、いろいろな高校のサッカー部の指導をすることがありますが、そのときにいつも体育教員室に通されます。異なるスポーツを専門とする先生方がいつも集まっている環境を活かさない手はありません。種目は異なっても、からだの動かし方には共通点があるので、他の競技種目からヒントを得ることは、非常に有効です。

　同じ種目の他の選手から学ぶ場合には、たんなる模倣になって、自分の動作として工夫することが不十分になりがちです。その点、他競技から学ぶ場合は、自分独自のオリジナルな感覚を工夫して磨かざるをえません。これが、好結果をもたらします。日本のスポーツの将来は、中学・高校の体育教員室から生み出されると思います。

[4] 空中での軸の切り換え

　アメリカプロバスケットボール（NBA）のシュートモーションなどを見ていると、左足（左軸）で跳んだ後、相手が左軸に向かってディフェンスにきたら、さっと、空中で右軸にからだを寄せて（右軸に切り換えて）シュートをするような場面があります。

　サッカーの試合でも、左足（左軸）で跳んでおいて、右軸でヘディングをする場合があります（写真1-30）。体幹だけで（体幹を傾けて）軸を切り換えようとしても、なかなかうまくいきません。左軸で跳んでおいて、空中でどうすれば右軸に切り換えることができるのでしょうか。

　空中で右脚の股関節を外旋させると（写真1-30）、軸が右にできて、右軸で強いヘディングができます。そのとき、右上腕を外旋させると、さらに強いヘデ

第1章 知っておきたい一流選手のボール扱いのこと

写真1-29 通常踏み込み──右足で跳んで右軸でヘディングする

写真1-30 逆足踏み込み──右股関節と右上腕を外旋させる

ィングができます。股関節と上腕を外旋させることで、外旋させた側にからだがシフトし、軸ができるのです。

　通常は、写真1-29の踏み込み方でヘディングのトレーニングは行われています。しかし、相手から遠い側の足で早いタイミングでジャンプすると、相手に近い側の足がじゃまになって競ってくる相手は胴体の近くまで接近することができません。つまり、よりフリーな状態でヘディングをすることができるのです。これはゴール前や空中戦で勝つための有効なテクニックの一つといえます。

3 トラップ

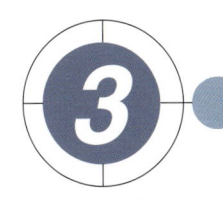

[1] トラップは引くのではなく押す

　トラップはボールをはじかないように引く動作だと思っている人が多いのではないでしょうか。しかし、トラップは実は押す動作なのです。もし引いてしまったら、からだの動きが一度止まる静的安定な動作になってしまいます。試合中、前方からきたボールをトラップしてターンする場面をイメージしてください。このシーンも一見、引いているかのように見えますが、実は一流の選手の動作を見ると次に進む方向へ押して出ているのです。

　その他のトラップも同様であり、動くことを優先するならば、トラップは引く動作ではなく、押す動作です。「引く」のか「押す」のかでプレーのリズムは大きく変わってきます。押す動作といっても、ボールを決してはじいたりはしません。胸の中心で捉えるのではなく、左右どちらかの胸のやわらかい筋肉の部分に当てれば、勢いのあるボールでもだいじょうぶです。動くことを優先するトラップならば、「押す」動作にすることによって、より流れるような動的なプレーが可能となります。

　胸トラップをうまく使えるようになると、プレーの幅は大きく広がります。ただし、場面によっていろいろと使い分けることが重要です。ファン・ニステルローイ選手（オランダ）の体勢を崩しながらも胸トラップからシュートをゴールに持っていくプレーや、デルピエロ選手（イタリア）が見せる、吸い付くような胸トラップからターンするプレー、これらのすべての胸トラップに共通することは

写真 1-31　引くトラップ　　　　　　　　写真 1-32　押すトラップ

写真 1-33　引く胸トラップ　　　　写真 1-34　押す胸トラップ

「押す動作」ということです。

　胸トラップの写真をご覧ください。引く動作（写真 1-33）はいったん止まってしまうため、次のキックの動作に移りにくいことがわかると思います。一方、押すトラップ（写真 1-34）はそのままキックに移ることができます。トラップも実は、押す動作なのです。

[2] ミストラップって何？

　世界の一流選手といえども、試合中にミストラップはします。しかし、それがかえってディフェンダーの読みをはずすことになる場合もあります。前に述べたように、大切なことは、ミストラップしても「しまった」という間をつくらないことです。

　トラップという動作を広く見れば、自分の行きたい方向へボールが転がればい

写真 1-35　ミストラップからドリブルへ

いのです。からだのどの部分にボールが当たっても、ある意味まったく問題はありません。大切なのは、からだのどの部分に当たって、どこに、どのような質のボールが転がるかなのです。攻撃時のミストラップも、考え方次第ではビッグチャンスにつながる可能性さえあります（写真1-35）。

ピンポイントでボールを止めようとしない

　自分に向かってくるボールの軌道が定まらず、イレギュラーしたボールをコントロールしたりシュートしたりする際、ボールの跳ね具合に気をとられて結局はうまく扱えなかったり、ミートできなかったりという経験をしたことのある人は多いと思います。

　なぜこのようになるのかを考えてみましょう。飛んでくるボールに対して、最初からからだの一つの部分（ピンポイント）にボールを当てようと決めていること（この動作をピンポイント動作と呼びます）が、問題だと思われます。

　確かにピンポイントで操作した方がいい場面はあります。しかし、すべての局面でピンポイント動作しかできないというのでは問題です。自分の都合にボールは合わせてくれません。ボールの都合に自分を合わせられるかどうかが大切になってきます。

　試合中はいろいろなボールが飛んできますから、自分の意図したからだの部分に当たらないことの方がむしろ多いでしょう。このとき、ピンポイント動作しかできないと、次のアドリブがききません。意図したように進まないのが試合というものです。ミストラップのときの「しまった」と思う一瞬の間が、命取りになることがあります。

からだのどこかに当たればいい

　トラップでは、極端にいえばボールをからだのどこに当ててもいいのです。「からだのどこかに当たればいい」というくらいに、おおざっぱに考えておくといいと思います。行きたい方向にボールが動いてさえくれればいいのです。こういう

と、「いい加減だ」と思う人が多いかもしれませんが、ピンポイント動作の方が、うまくいかなかったときには、かえっていい加減なプレーになってしまいます。おおざっぱな感覚の方が、「いい（良い）加減」なのです。

　世界の一流選手のトラップには、ミストラップという概念は存在しません。大切なことは自分の都合でプレーするのでなく、転がるボールの都合に自分を合わせてプレーすることです。それには、ボールの転がり具合や飛ぶ方向を把握し、飛来してくるボールの特徴を感じ取らなければなりません。そうすることによって、ボールと自分の絶妙なハーモニーを奏でることができるのです。

　ボールの特性を十分に活かすことこそ、まずボールありきのサッカーでは最も大切なことなのです。自分の都合だけでサッカーをすると、サッカーの神様が怒ります。ボールを活かすことが、自分を活かすことになるのです。

トラップは止めることではない

　世界の一流選手、ジダン選手やフィーゴ選手、ロナウジーニョ選手は多種多様なトラップができ、それを場面に応じて使い分けています。あるときはプレーの流れの中でトラップをし、そしてまた、あるときは静止している状態から急激に加速したりとさまざまです。そして彼らの動きに共通していることは、トラップとは決してボールを止めることではないということです。

　写真1-36はボールを止めることだけに集中し、立ち足に体重がどっぷり乗っています。これはその場で安定して立とうとする静的安定動作（静止した状態でボディーバランスを安定させるからだの使い方）です。

　一方、もう一つの写真1-37は、ボールを当てるところを一点（ピンポイント）に定めるのではなく、からだのどこに当たってもいいというぐらいに、おおざっぱな感覚で、自分が行きたい方向にボールを転がすことを優先した動的安定動作

写真1-36　ピンポイントトラップ　　　写真1-37　動きの止まらないトラップ

のトラップです。

両方を比べると、ボールを止めてドリブルに移る際に、動的安定トラップの方がよりドリブルにスムーズに移れるのがわかると思います。二つのトラップの大きな違いは、立ち足とトラップ足のどちらに体重を乗せているかです。立ち足に体重を乗せたたままだと、ボールを触った後の動作が遅れます。トラップする足に体重を乗せていくような感覚で行えば、ボールに触った足の1歩目がドリブルとなります。

シュートやパスと同様、トラップでも、ボールに触れる足が軸になると感じた方がよい動作ができるのです。立ち足と、ボールに触る足のどちらが軸なのか、それを引っくり返せるかどうかということが、サッカー上達への大きな分かれ道になります。

写真1-38 マケレレ選手（フランス）のトラップ
（写真：PHOTO KISHIMOTO）

軸足というと、多くの人が立ち足（支持足）をイメージします。これはまさに静的安定動作です。動的なトラップでは、立ち足から空中に浮かしたトラップする足に軸を切り換えて、動作します。軸は空中に浮いた足にあります。静的に安定できない状況をつくることで、動作は生まれるのです。静的に不安定な状況から生み出される動作を、動的安定動作といいます。

キック動作でも、立ち足が軸ではなく、キックする足が軸だといいました。トラップでも同じことがいえます。静的安定動作を、武道、武術の世界では「居着く」といいますが、サッカーという競技も、まさに、居着く動きを嫌うスポーツです。動作というものを、静的に止まった状態で考えて、身振り手振りで教わることが多いと思います。そうすると、たいてい静的安定動作になってしまいます。動作は止まった状態で考えるのではなく、一連の流れとして考えるべきです。コマ止めの分解写真をイメージするのも要注意です。つい、流れの中の1コマであることを忘れて、静止した状態で動作を考えてしまうからです。

動作は、静的安定が崩れた不安定な状態から生じます。静的安定が崩れた状態から、動的安定（動かないと安定しない状態）が生まれます。動きにおける「安定」ということの本当の意味を考えてみたいものです。

コラム 1-5

地面から浮いた足が軸

みなさんは、その場に片足で立ってくださいといわれたら、どのように立つでしょうか。実は、どのようにして立つかということが、二軸の走り方に関係してくるのです。

図 1-1 の①のように、多くの人は、重心（おへそ）の真下に支持足を置いて、静的バランス（＝静的安定）をとって片足で立つと思います。止まった状態で安定する立ち方です。この動きでは、左右方向に静的に安定しているので、いつまでも静止した状態で立っていられます。

走るときに、毎回の着地時に静的バランスをとろうとすると、一直線上を走ることになります。からだの中心をつらぬく軸を中心軸といいますが、このような立ち方では、おへそ（重心）と支持足を結んだ線が中心軸と一致します。片足で左右方向の静的バランスをとりながら走る走り方を、私たちは中心軸走と名付けました。このような走りでは、肩と腰（骨盤）の回転方向が互いに逆になって、体幹をねじるような動きになります。

図の②に示した片足立ちのように、右の股関節の真下に支持足（右足）を置いて立ちます（走者はこちらを向いていると考えてください）。このようにして立つと、一瞬しか立てません。みなさんもその場でやってみてください。左足を浮かせても、すぐに左足は地面に着いてしまいます。重心（おへそ）と支持足が左右にずれているので、からだは、左に倒れようとして、左足が自然に着地します。からだが左に倒れようとするのは、地球の引っ張る力、重力による作用です。

この一瞬しか片足立ちできない不安定性を利用して走るのが二軸走です。動か

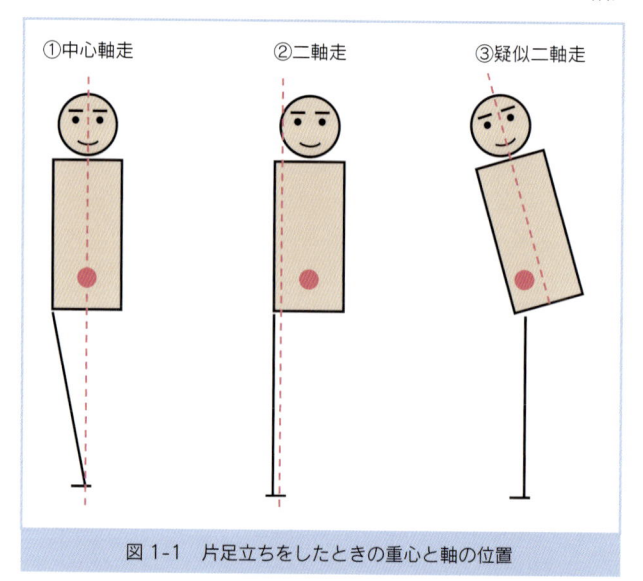

①中心軸走　　②二軸走　　③疑似二軸走

図 1-1　片足立ちをしたときの重心と軸の位置

ないと安定しない走りといえます。あるいは、動くことによって安定する（動的安定）走りともいえます。この場合、左右の股関節と支持足を結んだ線が軸（感覚）となります。左右に二つ軸感覚があるので、左右軸、あるいは二軸といいます。この動きは、四足で歩くウマの歩き方を参考にして考えました。ウマの歩きを常歩というので、常歩というニックネームをつけました。

　図の③を見てください。中心軸動作をしていた人が、左右軸を意識し始めると、このように左右軸で静的に安定して立とうとします。左右軸でどっぷり安定して止まってしまいます。中心軸動作でつちかった静的安定を求める癖がここにも顔を出してしまいます。このような動きは二軸動作ではなく、「擬似二軸動作」といいます。ヤジロベエ（あるいはメトロノーム）のように体幹が左右に傾いてしまうのが、擬似二軸動作です。本当の二軸の走り方は、体幹が左右に傾かずに、まっすぐに立っています。

ヒゲダンス

　二軸走の走り方を身につけるいい方法はないものかと、ずいぶん試行錯誤しました。京都大学の二軸動作の授業中、テレビでおなじみの志村けんさんのヒゲダンスを学生と一緒にやってみました。ヒゲダンスの例の音楽を鼻歌で歌いながら、楽しくゆっくり進みます。左右の上腕を外旋して、前腕をやや回内します。着地の瞬間、足裏全体で着地し、離地の瞬間に下駄や草履の鼻緒をつまむような感じで、足指の腹でシューズのソールをプッシュすることでスネ（前脛骨筋）に適度な緊張をかけます。そして足裏のアウトエッジ（足裏の外側のへり）を感覚するようにします。こうすれば拇指球で地面を蹴る感じにはなりません。足裏全体で着地し、足裏全体でパッと離れる感じです。肩周辺の力を抜いていれば、肩は一瞬下がって、ホップアップしてきます。

　ここまでは、ヒゲダンスですから、左右の腕が同期しています。左右の腕が上下に動くような動作ですから、体幹は捻れません。肩の力みがとれて、肩周辺が上下に揺らぐことが感じられてきたら、肘を徐々に曲げていって、腕振りを左右交互の動作に変えていきます。そのとき、肩甲骨、肩周辺が、自然に上下に動く感覚を大事にしてください。これまで、腕は前後に振るものだと思い込んでいた人は、まったく異なる感覚が得られると思います。とっても、楽に軽くからだが進むはずです。これが二軸感覚の走りです。

　試しに、このとき、腕を前後に振って体幹を捻ってみてください。次に、拇指球に体重を乗せて地面を蹴って走ってみてください。いかに、無駄な力が入っているかが、からだでわかります。よい動作と悪い動作を交互に行って、次第に、自分のからだで何がよい動作なのかをつかんでいくことです。ヒゲダンスをお試しください。

（小田伸午）

④ ドリブルの世界

[1] 知っておきたいドリブルでのからだの使い方

ドリブルとは

　サッカーの大きな魅力の一つに、ドリブルがあります。鮮やかなドリブルで相手を抜き去り、得点に結びつけるプレーに観客は興奮します。サッカーの妙味は、きれいなスペースへのパスが通ったときにも感じますが、最初から空いているスペースは、そこにパスを通すと、どんどん狭まっていく運命が待っています。わざと相手は空間を空けてパスを出させるように罠をしかけていることもあります。

　ドリブルから相手を抜いて前に出たときには、それまでには見えなかったスペースが見えてきます。そのときがパスのチャンスです。自分でこじあけてつくったスペースには、どんどん広がる輝かしい運命が待っています。

　私（中村）の授業でも、2人組にボールを1個与えると、学生は決まって、パスの練習をします。「やりなさい」と指示を出さない限り、1対1の抜き合いをする学生など、まずいません。サッカーとはゲームのことなのに、「サッカーの練習」という名のスポーツをしてしまうようです。小学校の体育の授業で、パス（静的安定のインサイドキック）から入るサッカーに慣れきってしまった弊害でしょうか。相手を抜くことのできる技量を持った選手が、次第にチームメートを活かすパスを覚えるようになると、わが国のサッカーの技量は大きく上がると思います。

　世界の一流選手の中でドリブラーと呼ばれる選手たちは、どんな体勢であっても相手のスキを見逃しません。そしてどんな体勢からでも動き出すことができます。

　たとえば、常識で考えれば明らかに右方向に行くドリブルなのに左方向に進んだり、ディフェンダーがドリブルの方向を読み切っていたにもかかわらず抜かれてしまったりします。彼らのドリブルのうまさは、決してボールタッチのうまさだけではなく、卓越した身のこなしがその土台にあります。

　ドリブルにも選手の数だけ種類があります。今や世界でナンバーワンのテクニックを持つ選手として注目を浴びているロナウジーニョ選手（ブラジル）のドリブルは、マンガの世界でしか見られないだろうと思っていた動きを、世界トップレベルのリーグで披露してくれます。その姿は、まさに魔術師です。ジダン選手（フランス）もそうです。彼のボールタッチは、芸術といってもいいほどです。

ドリブルはオリジナルが大事

　試合を見ていると、ボールがジダン選手に吸い寄せられているような錯覚を覚

えることがあります。自分だけの都合ではなく、そのプレーに関与する相手、ボール、そしてピッチの状況など、すべてを考慮した上で、最高のプレーを演出します。まさしくそれは芸術です。

そのほかにも、絶妙の間合いを駆使したフィーゴ選手（ポルトガル）の突破や、シザーズで相手を困惑させるロナウジーニョ選手、クリスティアーノ・ロナウド選手（ポルトガル）、相手に強く向かい、先に仕掛けて相手の動きの後から再び動き出すわが国のホープ・大久保嘉人選手。彼らが繰り出すフェイントの中にはある共通する動きがあります。それらを読者のみなさんと一緒に考えてみたいと思います。彼らの動きを見ることで、自分独自のオリジナルな感覚をからだで探ってみましょう。

写真 1-39　森島選手のドリブル
（写真：PHOTO KISHIMOTO）

どっちがスムーズな切り返し

Q 次のページの写真 1-40 と 1-41 のドリブルで相手を抜くときの切り返し（方向転換）を見比べて、あなたは、どちらの方がスムーズな切り返しが可能だと思いますか？　写真 1-40 の左股関節の内旋で切り返す動きでしょうか、それとも、1-41 の左股関節の外旋で切り返す動きでしょうか。

写真 1-41 をよく見てください。これからドリブルで行きたい側の左膝が外に向いています。これが股関節の外旋動作です。この膝は、初めから外を向いているのではありません。写真の動きから見れば、遊脚（蹴り足）がキックフェイントをする少し前から外旋しているものと思われます。そのタイミングは一人ひとり独特のものですので、自分のからだで感じて、動作感覚を探すことが重要です。

「相手より先に仕掛け、相手の後から動く」。これは後出しジャンケンで勝つようなものです。切り返しでは、まず相手より先にモーションを起こします。そのモーションによって相手ディフェンダーが左右あるいは前後いずれかを読んで対応して動きます。そのディフェンダーの動きを、最初にこちらが動きを起こした足の膝の抜き（膝の力を抜いて一瞬からだを支える）によってできるわずかな時間で判断します。そして相手が動いた逆方向にドリブルで切り返します。これは、まさに後出しジャンケンで勝つようなドリブルといえます。これをやられるとディフェンダーはお手上げとなります。

写真1-40　内旋ターン──左脚が内旋

写真1-41　外旋ターン──左脚が外旋

　「外旋」という言葉は、この章のヘディングのところでも出てきました。外旋には、股関節の外旋と上腕の外旋の二つがあり、太ももが外に回旋することが股関節の外旋、上腕が肩関節において外に回旋するのが上腕の外旋です。解剖学的には、通常、肩の外旋といわれますが、上腕が外に回旋するといった方がわかりやすいので、本書では、上腕外旋ということにします。
　では、なぜ外旋という動きを一流選手が行っているのでしょうか。

さまざまなフェイントに共通する外旋

　実は、股関節も肩関節も外旋すると、からだが外旋した方向に向かってスムーズに動きやすくなります。それは筋力だけに頼った動きに比べて、よどみのない流れるようなプレーを可能にします。世界の一流選手は誰から教えてもらうわけでもなく、自然に日常生活や遊びの中で股関節や上腕の外旋動作を可能にするからだ使いを体得しているのです。彼らは、外旋という言葉を使って動作を説明しませんが、自然とそのような動作を感覚的に身につけたのです。股関節および上腕の外旋について、もう少し詳しく見てみましょう。

図 1-2　股関節と上腕の外旋

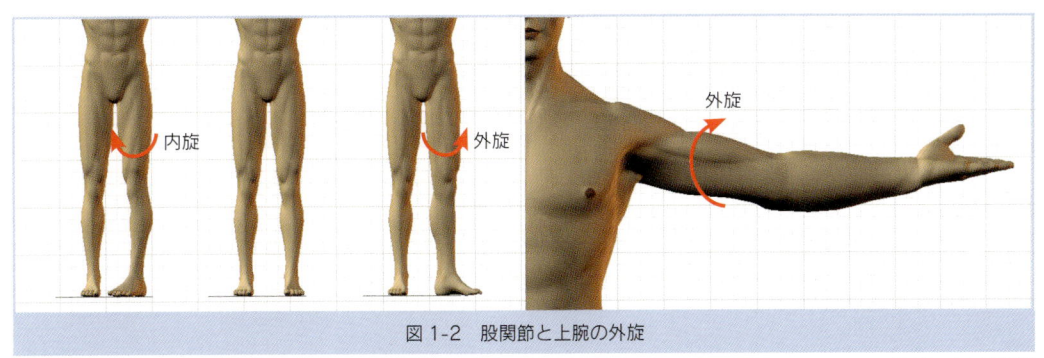

（作図：小山田良治）

股関節の外旋

　股関節の外旋から見ていきましょう。サッカーのゲームでよく見かけるキックフェイントや切り返すターン動作では、股関節の柔軟性がとても大切です。最終的に行きたい方向に膝を向けることで、股関節が外旋します。

　これはイチロー選手など、野球選手の盗塁に見られるからだの使い方と同様です。クロスオーバーステップといわれるこの動き（写真 1-42）では、体重を寄せた側の股関節を外旋すれば（行きたい方向に膝を向ければ）、からだは自然とその方向へ移動します。体重を乗せて外旋した股関節の軸を起点として、サイドへの移動運動が生じ、反対脚がクロスして起点となる脚を追い越して（オーバー）いきます。クロスしてオーバーするので、クロスオーバーステップといいます。詳しい解説は、『スポーツ選手なら知っておきたい「からだ」のこと』の39ページ「股関節の外旋」をご参照ください）。

写真 1-42　イチロー選手のクロスオーバーステップ

（写真：AFLO）

TRY1-4　股関節外旋のトレーニング

下の写真1-43に示したのは、股関節外旋のトレーニングです。中央の写真②のように十分に足を開いた中腰の姿勢から、右脚に体重をかけたり（写真①）、左脚にかけたり（写真③）を繰り返してみましょう。

写真1-43　股関節の外旋

ブラジル体操で養う股関節外旋

写真1-44でもわかるように外旋した方の股関節の位置は、逆側の股関節の位置より下がります。股関節の内旋ポジションから外旋に開放してやることで、股関節の高さが上から下に下がります。この股関節の位置変化によって重心移動をすることが重要です。つまり、外旋した方に、上から下に向かってスムーズに流れていくようなイメージで動く感覚です。

多くのチームが行っているブラジル体操は、本来本国では、このような感覚を無意識的に身につけるものとして行われていたのですが、わが国では、形骸化して静的安定動作になっている感があります。ブラジル体操を見直して、二軸感覚（動的安定感覚）を感じながら行えばもっと有意義な体操になるはずです。

写真1-44　ブラジル体操の股関節外旋

[2] シザーズ

加速するロナウジーニョ選手のシザーズ

　ロナウジーニョ選手やロナウド選手が、ドリブル突破のときによく使うシザーズといわれるフェイント（写真1-45）も、股関節のしなやかな動きが物を言います。

　みなさんは、ドリブルの最中にシザーズをすれば減速すると思いますか、それとも、加速すると思いますか。

　世界一流選手のシザーズは、相手から見ると、加速しているように見えます。なぜ加速するように見えるのでしょうか。

　世界のトップ選手がシザーズでボールをまたぐときには、またぐ脚の股関節が緩んで外旋していきます（またぐときに、膝頭が外を向く）。日本選手のシザーズは、股関節が内旋のまま固まってボールをまたぐ動きになりがちです（またぐときに、膝頭がまっすぐ前を向いたまま）。このシザーズでは、相手からはギクシャクした動きに見え、またぐ動作を重ねるたびに、減速するように見えます（写真1-46）。

　このような動きでは、最終的に、左に抜くときに、その直前に、右にまたいでフェイントをかけても、右足が着地したときに、着地後もまだ、からだが右に行ってしまうので、左方向に切り返す動きが鈍くなり、相手をフェイントでひっかけることができません。

　ところが、股関節外旋でボールをまたぐシザーズなら、まったく動きが違います。股関節外旋でまたぐと、またいだ方向に体重がシフトするので（股関節が外旋する方へからだは移動する）、またぐ動作によって、相手には、その方向に来るように見えます（軸はまたぐ足の側にあります）。

　写真1-45のロナウジーニョ選手のみごとなシザーズの、ボールをまたぐ足の外旋、つま先が上がって踵で踏んでいること（3番目の写真の左足）、体幹は垂直に立てていることに注目してください。

　ところが、またいだ足が着地した瞬間、反対側の浮いた脚の股関節が外旋します（軸がその足に切り換わります）。その瞬間、相手の予想を裏切って、またいだ方向と逆にからだが移動して、足のアウトサイドでボールをひっかけて抜くことができます。股関節が外旋した方に

（写真：AFLO）

写真1-45　ロナウジーニョ選手のシザーズ

写真1-46　ギクシャクしたシザーズ

からだは向かうという原理を使って動くのが二軸動作の特徴です（ホームページ「常歩秘宝館」のトップページのサッカー動画を参照　http://www.namiashi.com/hihoukan/）。

　ここでもう一度写真を見てください。今注目している部分は下半身ですが、実は飛行機の翼のように開いた腕にも、スムーズな動きのヒントが隠されています。ボールをまたぐときに、股関節の外旋動作だけでなく、同じ側の上腕の外旋動作も併用しているのです。

　このときに、注意する点があります。上腕の外旋は力で腕を外に回そうとするのではなく、肩・肘の力を抜くようにするのです。そうすれば上腕は自然と外旋します。意識してそうするのではなく、自然とそうなるようにするのがコツです。

サンバとシザーズ

　京都大学のスポーツ実習の中に二軸動作の授業が開講されています（小田担当）。その授業中のできごとです。著者（中村）が学生の前でシザーズをやったところ、「二軸ドラマー」ことF君（大学院生）が、止めてやるとばかり、シザーズに合わせてサンバのリズムを刻んで対抗してきたのです。なんと、著者（中村）は、サッカー経験のないF君に、シザーズの抜き技を阻止されてしまいました。あたかもサンバを踊っているかのようなF君のステップに負けてしったわけです。

　このとき、シザーズやマルセイユ・ルーレットなどのフェイント動作は、それにマッチする音楽のリズムを刻みながら行えば、頭で動作をつくるよりも、自分では信じられないほど華麗にできるのではないかとひらめきました。からだで動作を探す方法の一つに、音楽のリズムを使うという方法があると感じた一瞬でした。

　フェイント一つをとってみても、国民性、民族性が出たりするのは、民族音楽のリズムが関係しているのかもしれません。からだの内部の感覚を大事にしながら、同じフェイントでも他人とは一味違う自分流のフェイントをつくることがで

きたら楽しいでしょうね。音楽のリズムを使うと、自然に股関節、上腕が外旋します。意識して外旋する動きよりも、はるかにこの方が、動作がスムーズで、初動（動き出し）もすばやくなり、相手をだますことも可能になります。

試合中に相手が来たときに、外旋動作をいちいち意識して動いたのでは、その時点で負けです。何度も練習して、自然に無意識でできるように、練習しましょう。サンバなどの音楽のリズムを股関節や肩関節に溶かし込むと、自然にできるようになるはずです。

[3] 相手を惑わすドリブル

相手次第でどちらにも行ける

> **Q** 写真1-47の写真を見てください。みなさんは、このフェイントモーションから①と②の矢印のどちらに行くと思いますか？

常識的には①の方向と考えますね。しかし、相手がそれを読んできた場合には、意外にも②の方向にも行くことができるのです。相手次第でどちらにも行けるド

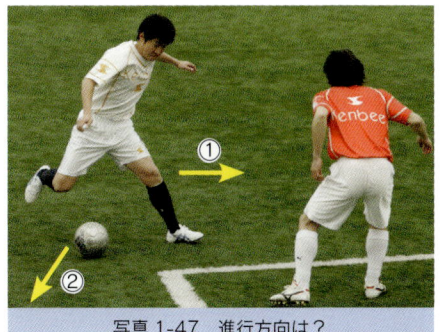

写真1-47　進行方向は？

写真1-48　どちらへでも行ける切り返し

　リブル感覚を持っておくことは、いろいろなテクニックを習得する上で大切なことです。

　大久保選手（写真1-50）は長崎県立国見高校出身で、最近までスペイン1部リーグ・マジョルカでプレーをしていました。彼は、高校時代からとくにドリブル練習を習慣のようにしていつも行っていました。彼の最大の魅力である野性味あふれるドリブルは、数々のディフェンダーを困惑させています。相手に向かっていく強い姿勢に、実はディフェンダーたちは戸惑っています。

　ここで試してもらいたいことがあります。相手をそのまま振り切るのではなく、一度相手の懐（ふところ）近くまで接近してみてください。これだけでピンっときた人もいるでしょう。相手のいやな間合いに入り込むことで、一瞬相手の動きが止まります。これを大久保選手は多くの1対1の経験から獲得し、かわすモーションが先行して相手に読まれるのではなく、相手に闘志むき出しで立ち向かう野性的なドリブルを真骨頂としているのです。みなさんもやってみてください。

　前に向かう気持ちがどれだけ大事かは、強調してもしすぎることはありません。横にかわすことばかり考えて、前に向かってこないドリブラーは、ディフェンダーにとって、少しも怖くありません。

　フィーゴ選手のドリブルをみなさんは知っていますか（写真1-51）。彼は、なんともいえない絶妙の間合いでディフェンダーを惑わせます。彼のボールの持ち方にも特徴があり、前後左右どの方向にも行けるような形です。相手を飛び込ま

4 ドリブルの世界

TRY 1-5　「ボールを使ったマーカー踏み合いゲーム」一度相手の動きを止めてみよう

写真1-49を見てください。2人組で向かい合って攻守を決め、攻めになった人は、守りになった人を振り切ってどちらかのマーカーのところにボールを止めれば勝ちです。逆に守備側は、攻撃側がボールを止める前にマーカーを踏めば勝ちです。

写真1-49　マーカーの踏み合い

せるようなモーションや、「飛び込まないと抜かれる」という雰囲気を醸し出し、ディフェンダーを陥れます。結局ディフェンダーは飛び込んでしまい、フィーゴ選手の罠に引っかかってしまいます。

まさに、「後出しジャンケン」のようなドリブルなのです（写真1-52）。彼ら世界一流選手の、ときには速く、そしてときにはワンテンポ置いて始動する独特の動きは、どうやら武術的な動きから解釈した方が理解できそうです。

左右の二軸の切り換えで抜くドリブルは、左右二軸いずれかの際を直線的に抜きます。動きが止まった相手のすぐわきを入れ違いのように抜いて行きます。力んで抜くドリブラーは、相手から逃げるようにして、かけっこの速さで抜こうとします。

写真1-50　大久保選手のドリブル
（写真：PHOTO KISHIMOTO）

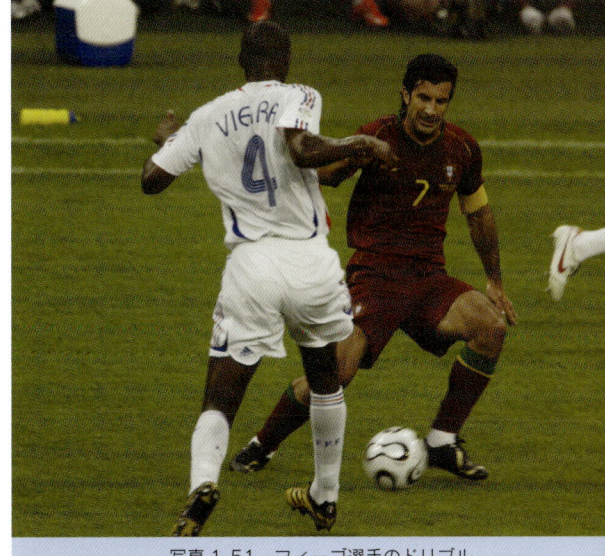

写真1-51　フィーゴ選手のドリブル
（写真：PHOTO KISHIMOTO）

写真1-52　後出しジャンケンドリブル「フィーゴ」

［4］背後からのプレッシャーに強いからだの使い方

Q あなたは、ボールをキープした状態で、相手が背後からプレッシャーをかけてきたとき、手のひらを相手に向けますか、それとも、手の甲を相手に向けますか。

　ふつうは、何も教わらなければ、背中から来る相手に対しては、手のひらを相手に向けてプレッシャーに対抗しようとします（写真1-53）。手のひらを相手に向ける動作をしてみてください。このとき肩関節では、上腕が内旋しています。実は、この動作は弱いのです。上腕内旋で背後から来る相手に対抗すると、相手の力に耐えきれず、押されて負けてしまいます。これは、まさに肩をつり上げ肘を張る（肩肘を張る）という感じの動作で、力感はありますが、実際にはもろい動きです。

　一方、手の甲を相手に向けるようにすると、しっかりと耐えることができます

写真1-53　背後の相手に手のひらを向ける　　　写真1-54　背後の相手に手の甲を向ける

(写真 1-54)。このとき、肩関節では、上腕が外旋しています。肩を下げ、肘の力を抜くようにします。肩や腕には力みがないのに、相手にとっては、強い動作になるのが不思議です。

手のひらを相手に向けるのは、「来るな！」「邪魔だ！」といった気持ちが表に出た動作で、感情的な初歩的動作ともいえます。無意識的に出てしまう感情的動作は意外ともろいのです。写真のように、上腕外旋で背後の相手に対抗するからだ使いを見習いましょう。しっかり、手の甲を相手に向け、上腕に外旋力をかけています。スポーツでは、感情（感情的動作）を乗り越えたところに基本があります。

押すという字を思い浮かべてみてください。手偏に甲と書いて「押す」です。手の甲で押す、というフィーリングをからだで感じ取ってください。

上腕外旋・前腕回内

「手の甲を相手に向ける」といいましたが、慣れてきたら、手の甲を相手に向けないでも、上腕にしっかり外旋力をかけておいて、前腕は内に回しておく（回内といいます）動作ができるようになります。その場合、肘の屈曲方向は上を向き、手のひらは下を向きます。上腕を外旋させて、肘の力を抜くと、相対的に前腕は回内の位置にきます。

プロレスで空手チョップという技があります。相手の体幹めがけて、自分の手の小指側を水平にぶつけます。そのときも、上腕外旋、前腕回内です。肩肘を張った上腕内旋で空手チョップを行っても、威力は半減します。肩と肘がつり上がっていると上腕内旋です。肩と肘が下がっていると上腕外旋です。

写真 1-55　小笠原選手のコンタクト

(写真：PHOTO KISHIMOTO)

コラム 1-6

「武道（武術）」的な動きをサッカーに

2003年8月、パリで開催された世界陸上選手権男子200mで、末續慎吾選手が銅メダルを獲得して以来、スポーツ界で「武道（武術）」が注目されています。サッカーでも武道（武術）的な動きを取り入れることが試みられているようです。一瞬の判断であらゆる方向に動くことを要求されるサッカーは、「武道（武術）」と共通する要素があると思われます。このコラムでは、「速さとは何か」「からだの方向を変える」ということについて取り上げたいと思います。

■ 速さとは何か

サッカーの動きについて、私には忘れられない友人との会話があります。大学生時代ですから、もう20数年前になります。クラスメートがサッカーの第2回ワールドユース東京大会（1979年）に出場しました。彼のポジションはバックスでした。対アルゼンチン戦でマラドーナ選手のマークについたのです。試合から帰ってきた彼に聞きました。

写真1-56　ワールドユース東京大会でのマラドーナ選手
（写真：PHOTO KISHIMOTO）

「マラドーナ選手はどうだった、何が違うの？」という私の質問に、彼は、「動き出しが違う、速い」と即座に答えたのです。彼は、さらに興味深い話をしてくれました。「50m走のタイムを計れば自分とそれほど変わらないと思う」というのです。そのような数値に表れる速さではなく、一瞬の「動き出し」のスピードが日本人選手とはまったく違うと彼はいいました。私は、それは「武道（武術）的な速さ」ではないかと彼に伝えたことを覚えています。

武道（武術）では、「速さ」のとらえ方がスポーツとはかなり異なります。たとえば、剣道で構えて相手と対峙しているとします。相手が打ってきたときに速いと感じるのは、「動き出し」がわからないからです。どれだけ速い動きでも動き出しがわかれば容易にかわすことができます。若い剣道家が高段者に打ち込んでもまったく通用しないことがよくあります。稽古を見ていると、若い剣道家が打ち出す前に高段者はすでに受けているのです。つまり、動き出しがわかるのです。

では、動き出しがわかるというのは、どういうことでしょうか。それには心理状態などさまざまな要素がありますが、「動き」として見ると力の使い方に違いがあります。私たちが動くときには、筋力を発揮して、地面反力という外力を得ることによって（地面に押してもらって）からだが動きます。つま先で大きな筋力を発揮して、地面を蹴って大きな地面反力を得ようとすると、かえって進行方向の地面反力が小さくなってしまうことがあります（小田研究室資料）。また、そのような力を入れて力む動作は、動き出し前の予備動作が大きくなり、相手に動きを読まれるという欠点もあると思われます。相手と勝負する上での巧みな動きというのは、一瞬のうちに進行方向への大きな地面反力を得る動きです。しかも、その動き出しを相手に悟られないのが武術

的な動きです。前に進むときに、「踵を踏む」「膝を抜く」という感覚で行うと、進行方向の地面反力が大きくなって（小田研究室資料）、すばやく前に出ることができます。「重力という外力を活かすようにして膝を抜く」感覚で一歩踏み出すと、結果的に地面が大きな力で自分を押してくれます。力んで地面を蹴ってしまうと、かえって自分を進行方向へ押してくれる地面反力は小さくなって、すばやく動けなくなってしまいます。

　サッカーをはじめ多くのスポーツのトップアスリートも同様な動きをしています。武道（武術）的な動きはスポーツ界にも浸透しつつあるように感じます（拙著『剣士なら知っておきたい「からだ」のこと』大修館書店参照）。

■からだの方向を変える

　「外力（重力）」を最大限に使うようなイメージに関連して、「からだの方向を変える」ということを取り上げてみます。サッカーでもほぼ静止している状態や動いている状態からさまざまな方向にからだの向きを変えなければなりません。ここでも武道（武術）的な動きを取り入れることができます。

　剣道や合気道では袴を着用します。柔道（柔術）でも昔は流派によっては袴を着用しました。なぜ袴を着用したかというと、相手に膝の動きを悟られないためです。そのくらい、膝の動きは大事なのです。膝の動きは「からだの方向を変える」ときに絶大な威力を発揮します。

　たとえば、からだの向きを180度変えるとします。つまり、からだを反転させるということです。サッカーでは頻繁に見られる動きです。多くのプレーヤーは、地面に着いている支持足で蹴ったり押し出したりして、からだの向きを変えています。支持足の筋力による操作でからだを動かそうとします。しかし、もっと容易にからだの向きを変える方法があります。それは、反対側の遊脚（浮いている足）を操作することです。

　立ってほぼ静止している状態から、時計回り（右回り）にからだを反転させるとします。そのときに左足で支持し、右足を浮かせると同時に右股関節を外旋させほぼ180度右膝を後方に向けてください。すると、からだはすばやく時計回り（右回り）に反転します。これも「外力（重力）」を動きのきっかけとして用いた身体操作です。遊脚の膝の操作でからだはすばやく向きを変えるのです。からだの方向を変える操作には、他に「顔の向き」や「上腕の外旋」を用いる方法があるのですが、基本は膝を操作することです。サッカーの動きに取り入れてみてください。

　現在、サッカーに限らず、武道（武術）的な動きを取り入れることが、あらゆるスポーツで試みられています。その中核は、ここで紹介したように外力（重力）を上手に利用することです。そのためには、一流選手の「動き」を外面的に真似するのではなく、動きの本質を体得する必要があります。「武道（武術）」には「型（形）」という稽古法があります。同じ動作を何千回・何万回と繰り返します。しかし、それはその動作自体を覚えるのではなく、動きの本質を身につけるためのものです。「型（形）」により動きの本質を体得すれば、さまざまな動きに転化します。非常に優れた動作習得法です。「武道（武術）」的な動きや稽古法をサッカーに取り入れていただければ幸いです。

（久留米工業高等専門学校　木寺英史）

剣道の「茶巾絞り」といわれる竹刀の持ち方も、上腕は外旋で、相対的に前腕は回内です。上腕から内側にしぼる（内旋）のではないのです（この点に関しては、木寺英史『剣士なら知っておきたい「からだ」のこと』〈大修館書店〉をご参照ください）。

上腕の外旋の動きは、スローインのときの腕の使い方も、上腕に外旋のテンションをかけながら、前腕を回内しながら投げます。リリースに向かって前腕を回内するときに、上腕まで内旋させてしまう選手が多いようですが、前腕を回内してスナップを使うときに、上腕はあくまで外旋テンション（外旋力）をかけておくのです。外旋力といっても、やや開いた脇を締めるようにして、肘や肩の力を抜く感覚です。けっしてがちがちに力む感覚ではありません。

この動きを覚えると、からだ全体を弓なりに反らせなくても、コンパクトな動作で、長い距離のスローインができるようになります。スローインもヘディングも、大きくからだを弓なりに反らせる意識は必要ありません。上腕の外旋テンションを使えば、コンパクトな動作で十分効果的な動作ができるのです。

あらゆる動きのキーワード「上腕外旋」

Q 「前へならえ」をしてみてください。両腕をまっすぐにして前に上げたとき、肘の内側はどこを向いていますか？

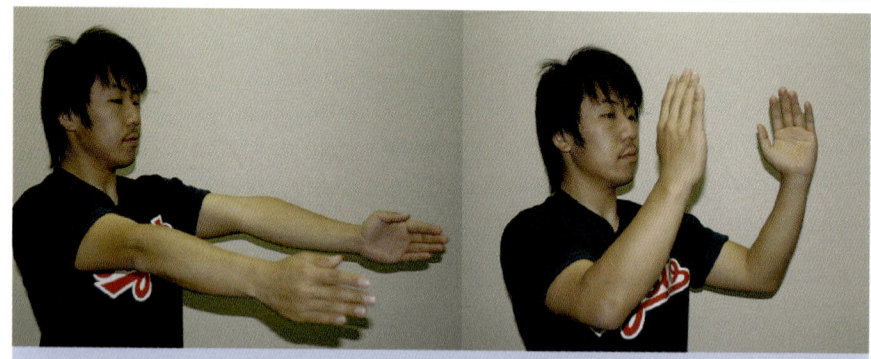

写真1-57　上腕が外旋した状態の前へならえ

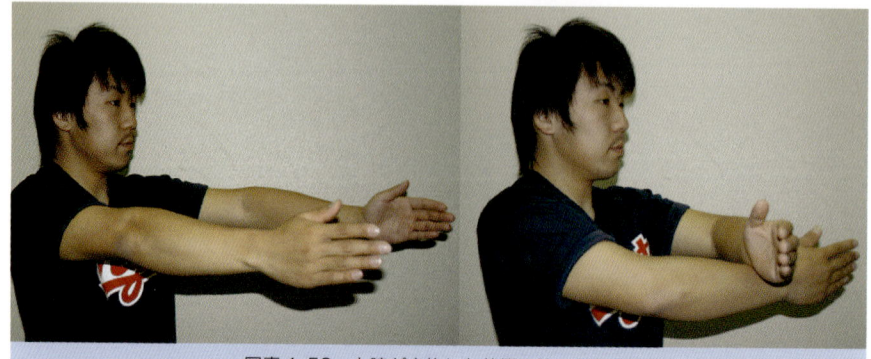

写真1-58　上腕が内旋した状態の前へならえ

多くの人は真横か少し上向きだと思います。肘の内側が真上を向いたポジション、すなわち、肘が真上に屈曲するように肘の内側が真上に向くのがよいのです。この状態で肘を曲げると、写真1-57のように、肘を曲げたときに、前腕が真上を向くはずです（手首から肘までを前腕、肘から肩にかけての部分を上腕といいます）。

多くの人は、「前へならえ」をしたときに、肘の屈曲方向が内側を向いた状態になって、上腕が内旋しています。この状態から肘を曲げると、写真1-58のように、前腕が胸の前で斜めに交差します。

肘の折れ曲がる部分が真上を向いた状態を上腕の外旋といいます。先ほど上腕を外旋させることで、外旋させた上腕の方向にからだ全体を導くことを解説しましたが、このことを、「TRY1-6」のボディーワークによって、実験して確かめてください。

陸上競技短距離の若手のホープ金丸祐三選手が、スタート前などに行なう「金丸ダンス」をご存知でしょうか。両手を水平に挙げて、力を抜き、トントントンとリズムを感じ取りながら進んでいく、あの独特な動きです。金丸選手も、まったく無意識的にですが、上腕を外旋させた側に体幹を平行移動するような動作を好んでいるようです。意識して上腕をこねくりまわすように外旋させるのではなく、無意識で外旋するようになっているところが、金丸選手の卓越したところです。彼の何らかのリズム感、身体感覚がそうさせたのだと思います。

ここでピンときた人もいるかもしれません。上腕と股関節の両方を外旋したらどうでしょう。

その通りです。同じ側の股関節と上腕を外旋させると、よりスムーズにからだ

TRY 1-6　外旋した方にからだは動く

立った姿勢で両腕を左右水平に挙げ、両方の手のひらを下に向けます。その状態から、片方の手のひらを上に向けます。手のひらを上に向けた方の上腕は外旋します。上腕を外旋させることによって、体幹が外旋させた腕の方向に寄っていくことが感じ取れたでしょうか。逆に内旋させた側に体幹をシフトさせるのは、非常にむずかしいということが感じ取っていただけると思います。

写真1-59の①は、左上腕を外旋させて体幹を左に導いていますが、体幹がやや左に傾いているのが問題です。②は上腕を外旋させた右側に体幹が平行移動しています。こちらの動作をお勧めします。

写真1-59　体幹は外旋した上腕の方に平行移動する

が外旋した方向に移動します。それを巧みに使ったのが先述したロナウジーニョ選手のシザーズなのです。股関節の外旋より若干上腕外旋が早く、その動きが股関節の外旋動作を導いていきます。ボールをまたいだ右軸が着地するときには、すでに、左軸方向にからだが移動する動きが始まっています。

　これは二軸動作の特徴の一つでもあります。どちらかの軸が仕事を終える頃には、逆側の軸はすでにもう動き出している。このような動きを繰り返すことで流動的なプレーが可能になります。

　では、実際にシザーズの動きをやってみましょう。

ボールを保持することが最大の目的

　コンタクトの目的は、当たる相手をふっとばすことではありません。ボールを確保することが目的です。相手に当たるのは、ボールを獲得するための手段です。極端な例ですが、たとえものすごいスピードで当たってくる相手に当たりで負けても、巧みに二軸動作でコンタクトする選手は、最後にボールを奪うことができます。当たりで勝つことが目的ではなく、ボールを奪うこと、ボールを自分のものにすることが目的です。

　上腕を外旋して、相手に近い側の足を踏み込んで、その膝を抜いて骨盤（腰骨）で当たれば、力感がないのにもかかわらず、思った以上に相手に大きい負荷を与えることができ、しかも突撃してくる相手に対して若干後退したとしても、大きくバランスを崩すことはなく、最終的にボールを奪うことが可能です。むしろ、突撃してきた方が、バランスを崩すことが多いのです。

　何をもってコンタクトの優劣を決めるか。サッカーでは、ボールを持っている選手がなんといっても勝者なのです。

ゴールに背中を向けた状況から前を向く

　これまで、相手にプレッシャーをかけられたとき、ボールキープの基本として、「相手とボールの間にからだを入れ、相手から遠い足でボールを扱え」という指導がよくなされました。この指導どおりにプレーしている選手では、立ち足（相手に近い側の足）に体重をかけて相手をブロックしているケースが多いようです。しかし、この体勢から次のプレーに移ることは非常に困難です。

　上腕内旋で相手に対抗する選手は、圧力に負けてキープできなくなると、がまんしきれず、ボールを後方の味方にパスしてしまいます。相手は最初からそこを狙ってパスカットし、カウンター攻撃を仕掛けてきます。

　現在、わが国のサッカーの大きな弱点の一つはここにあるといわれています。日本のチームに対して、相手は引いて守っておいて、日本チームが苦しまぎれのパスを後方に出した瞬間を狙ってボールを奪い（インターセプト）、長いパス一発ですばやくカウンター攻撃を仕掛けてきます。これで失点するケースが多々見られます。

　ここでは、逃げ腰のボールキープではなく、もっと積極的に仕掛けるボールキ

TRY 1-7　上腕外旋のストレッチ

まず、写真 1-60 のようにボールを両手で押さえます。そこから押さえた両手の位置が動かないようにして、上腕（肘より上部）を矢印の方向に旋回します。このとき前腕（肘より下部）はできるだけ動かさないようにします。はじめは上腕だけを動かすことはなかなかむずかしいと思いますが、繰り返し行ううちにできるようになってきます。このストレッチはあらゆる動きに有効なので、あいた時間を使ってぜひやってみてください。

写真 1-60　上腕外旋のストレッチ

ープの方法を一緒に考えていきましょう。ここで取り上げるプレーはとくにフォワードの選手に有効なものです。

ボールを覗かせる上腕外旋・内旋の切り返しターン

ボールをキープする際に、相手から遠い側の足におさめるのではなく、できるだけ近いところでボールを触ります。よい選手は、相手からプレッシャーをかけられたときも、ボールを自分の配下におさめることができます。相手に背後から迫られたとき、上腕を内旋して対抗すると、プレッシャーに弱いためボールを相手から遠ざける位置に置くようになり、結局、ボールを後方に下げるパスをしてしまうことになります。

上腕を外旋させて（股関節も股を割ってどっしり外旋させて）対抗すれば、ボールを自分の配下（股の下）におさめることができるのです（写真 1-61 ①）。そうすることによってディフェンダーはボールを視界に入れることが困難になります。そうなるとディフェンダーの心理はどうなるでしょうか？　視界からボールが消えると不安になり、左右どちらからの肩口からボールを覗こうとします。

そこを狙うのです。相手のチャージを両腕の外旋で受け止めておいて、相手が肩口から覗き出したときに、相手が覗いた側、つまり圧力が強くなったと感じた

写真 1-61　軸を消す動き――右軸を消して左軸でターンして相手をかわす

側の上腕を、わざと弱い内旋状態にします（写真1-61②）。相手はのれんを押すような状態になります。そして逆側の腕をさらに外旋させれば、外旋させた側の足を軸としてからだは自然にターンでき、相手のいない空間に入れ替わるように、シュートやパスができます（写真1-61③④）。

この動きを、内旋させた側の軸を消す（オフ）といいます。そして、ターンする側の軸をオンにします。左右二軸のオンとオフで動作を導きます。左右軸感覚がまさに効果を発揮する場面です。

5 オフ・ザ・ボールの動き

サッカーで、ボールを触っている時間と、触っていない時間とでは、どちらが多いでしょうか。当然、触っていない時間が多いのです。フォワードやミッドフィールダーの選手が、練習では、繰り返しパスやシュートでボールに触る練習をしたとしても、試合で多いのは、圧倒的に触らない時間の方です。実は、優れた選手のボール扱いは、ボールに触っていない時間の動きに支えられています。「ボールに触っている時間」と「ボールに触っていない時間」、この一見相反する二つの時間の関係性を感じ取ることができると、ボールに触らない時間の動きがいかに重要であるかが見えてきます。ボールを触っていない時間に何をするかが、ボールを触っているときと大きく関係しているのです。

ここでは、ボールに触れる前の動きについて、一緒に考えていきましょう。

[1] 一瞬の速さって？

とくに足が速いわけでもないのに「速い」と試合中感じる選手がいます。それはいったいなぜなのでしょうか？

著者（中村）は、国見高校サッカー部の小嶺総監督にこういわれたことがあります。「速さというのは、足の速さだけではない。優れたフォワードの選手は、次にボールがどこに来てディフェンダーはどこに動くかを見抜いている。相手の弱点を観察して知っている。だから足が遅くても感じる速さが相手より勝っているので速く見える」。

小嶺総監督のコメントにあるように、足の速い選手だけが決してディフェンダーを振り切れるわけではありません。足がさほど速くない選手でも、先を読む力や、ディフェンダーの動きを観察し、そして弱点を突けば、相手にとっては、とても速く感じるのです。陸上競技のような直線的な速さではないサッカーの動きは、足の速さだけでは計れない速さ（早さ）があるのです。

写真1-62 マークをはずす動き——進行方向と反対側の足からスタート（赤の選手）

写真1-63 マークをはずす動き——進行方向側の足からスタート（赤の選手）

マークをはずす動き

　写真1-62は、進行方向とは反対側の足（右足）でスタートしています。重要なのは支持足のアウトエッジ（踵）を踏み、すぐさま行きたい側の足に体重が移動することです。このときに進行方向側の足（左足）は外旋していることがポイントです。

　写真1-63は、進行方向側の足（左足）でターンしています。この動きは相手に比較的読まれにくいマークのはずし方です。このときも、進行方向側の足の踵を踏むことがポイントです。そして、右足をクロスオーバーさせて、進行方向側にからだを倒れ込ませるようにマークを振り切ります。

[2]「見る」のではなく「見ておく」

　「ボールから目を離すな」「ボールを見ろ」という指導がよくなされます。しかし、ボールにとらわれていると、相手の動きが見えなかったり、味方がフリーの位置でパスを待っているのに、それがわからなくなって、「持ちすぎ」になって相手の防御の罠にかかってしまうような、判断に関するミスが生じてしまいます。

　ノールックパスというものがあります。これは、パスの瞬間、パスを受ける味

写真1-64　周りを見る中田英寿選手

（写真：PHOTO KISHIMOTO）

方を見ないで行うパスのことです。パスをする瞬間は見ていなくても、その前に「見ておく」、あるいは「からだで見ておく、感じておく」のです。

　サッカーで見るということは、目線を持っていって見ることだけを意味しません。まっすぐ前に目線を向けていても、周辺視野で側方の選手の動きを察知したりすることも重要な見ることです。あらかじめ見ておいて、パスを出すときには、次のプレーに必要な方向を見る、ということも頻繁に行われます。

　「見る」というと、よく一瞬だけチラッと見ただけであたかも視野を確保できたかのように思いがちですが、実際は前もって「見ておく」作業が大切です。見ておいて、その流れをフィルムのように流しておけば、次のコマがどうなるか手に取るようにわかるので、自分のベストなプレーが選択できます。イメージ通りの映像を流して、実際の動きが予測できれば、たとえ見ていなくても、見ているのと同等の精度のプレーができます。パスする味方を見ないでも、見たのと同等なプレーができれば、相手の裏をかくことができます。

　世界屈指の指揮者・小澤征爾氏が、世界三大テノールの一人であるプラシド・ドミンゴ氏の感覚について、テレビ番組で語っているのを聞いたことがあります。オペラ歌手と指揮者は絶妙のタイミングでアイコンタクトをとり、意思疎通をしなければならないのだそうです。それは後でも先でもなくほんの一瞬らしいのです。実力のないオペラ歌手は指揮者と目を合わせるとき、観客に「今指揮者を見たな！」とわかってしまいますが、ドミンゴ氏のような一流の歌手は、動きの中で後頭部で見て（指揮者を感じて）、耳で感じて、そして目で見てというふうに絶妙の間で「アイコンタクト」をとるといいます。そのとき、観客には指揮者を見たということは決してわからないというのです。

　では話をサッカーに戻しましょう。ジダン選手やロナウジーニョ選手がときおり見せるノールックパスは、いったいどんな感覚で出しているのでしょうか。彼

> **コラム 1-7**
>
> ### マークをはずす一瞬の動き
>
> 　スタジアムへ足を運ぶことで、ボールに関与していない選手の動きも見ることができます。ボールをもらう前の動きというのはサッカーにおいて大切なプレーの一つですね。いわゆるターンのうまい選手に柳沢敦選手がいます。彼が、なぜ相手のマークをはずしてボールをもらうことができるのか。あるいはワンタッチでボールを落として次のプレーにすばやく移ることができるのか。
>
> 　それは、プレーに無駄がない、つまり動作が効率的なためです。とくに、ボールをもらう前に下がってきて、ステップで反転し攻撃方向へ走る動作は見ていて、それだけで十分堪能できます。では、どうして効率的な動作ができるのでしょうか。それは、二軸感覚での走り方と方向を変えるときの股関節および膝関節の力の抜き方にあります。また同時に上腕の回旋動作（からだを移動させる側の上腕の外旋と反対の上腕内旋）を巧みに使うことにより、全体がスムーズな動作となり、効率のよいターンとなっています。
>
> 　スタジアムへ行かなくては見ることができない一流選手の技を見逃さないように。それは、テレビには映らない動きです。
>
> 　　　　　　　　　　　　　　　　　　　　　　　　　　　（河端隆志）

らは、見るのではなく、最初に見ておくのです。その見るタイミングも絶妙です。後でも先でもなく、今しかないといったタイミングで見ておき、背中でも感じ、後頭部でも味方の位置や気配を感じ取っています。

　見るというのは、感じるということと同じです。目という器官は、そこに何があって、何色で、何が書いてあるかということを意識的に見る器官でもありますが、動きや気配を察知する感覚器でもあるのです。スポーツで見るという場合は、後者のような感覚としての見方ができるようになると、見ていなくても、まるで見ている状態と同様のみごとなパスが出せるのです。ある時刻の状況が広く見え、また、時間の流れの中でゲームの展開が読めるようになります。

　オペラ歌手のドミンゴ氏と、ジダン選手などのノールックパスの共通点は目だけで見ていないということです。からだでも見る、感じるということです。サッカーのヒントはさまざまな世界に転がっています。興味というアンテナを多方面に張って、自分の世界を広げましょう。あらゆることが、サッカーに関係しているということが見えてくると、サッカーがますます楽しくなってきます。

コラム 1-8

スパイクの話

　スポーツを長年続けることによって、からだは少なからずその影響を受けます。それはそのスポーツに適合するようにプラスの要因であることもあれば、逆に偏った負荷をかけ続けたことによってマイナスの要因（障害）として現れることもあります。サッカーも例外ではなく、その動きの特徴から、多くは足や脚に現れます。サッカー選手にとって、サッカースパイクは自らの能力を有効に発揮するための武器です。また、自らの足やからだを守ってくれる防具でもあります。もし、サッカーをしているみなさんが、サッカースパイクについて正しい知識を持ち、適切なスパイクを選択することができれば、みなさんの能力を最大限に発揮することにつながると思いますし、足を守り、選手寿命を長くすることができるかもしれません。

■サッカー選手の足（脚）の特徴

　静岡県にたいへん恵まれたスポーツ施設があり、全国高校サッカー選手権に出場するチームが、大会前にここで合宿を行います。ここで、私の勤めるメーカーの研究スタッフによって、サッカーを行っている高校生たちのおおがかりな足型調査がなされました。その結果、サッカーを行っている高校生たちと一般の高校生を比較すると、次のような違いがあることがわかりました。

①サッカー選手にはカーブ足が多い

　私たち人間の足は、二つのセンター（中心線）を持っています。一つは「シューセンター（Shoe Center）」と呼ばれ、一般的には第二趾（足の人差し指）の先端と、踵の後端を結んだ線で、これが足全体のセンターラインになります（足の指は「趾」と書きます）。足の長さを測るときは、このシューセンターを用います。もう一つは「ヒールセンター（Heel Center）」と呼ばれ、踵の中心を通り、中足部の中央を通る線で、サッカースパイクを設計するとき、靴の中間から踵側にかけては、このヒールセンターを用いることが多くなっています。

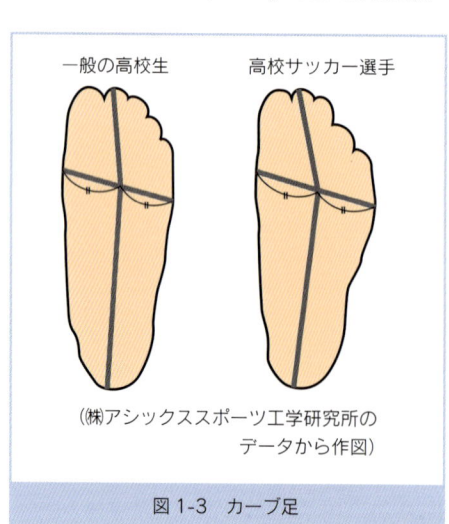

　この2本のセンターがなす角度を、「後足部振り角度」といいますが、高校サッカー選手の足型を測定した結果、この後足部振り角度が一般の高校生に比べて大きいことがわかりました。また、第二趾の先端と踏付け部の中央を結ぶ設計上の中心線と、シューズセンターのなす角度を「前足部振り

一般の高校生　　　高校サッカー選手

（㈱アシックススポーツ工学研究所の
データから作図）

図1-3　カーブ足

角度」といいますが、これも高校サッカー選手は一般の高校生に比べて大きいことがわかりました。とくに幅広の人ほど、この「前足部振り角度」が大きくなる傾向にありました。

つまり高校サッカーの選手は、足の前側と後ろ側のカーブの度合いが大きい「カーブ足」が多いということです。もともとサッカー選手にはカーブ足が多いといわれていましたが、高校生くらいの年齢でも、その差が顕著に現れているということです（ちなみに、このときに測定した高校生たちは、ほとんどが小学生の頃からサッカーをしているということでした）。

② サッカー選手にはO脚が多い

左右の脚の開き具合を測定するのに、膝のあたりの開き具合を測定します。だいたい0〜1cmくらいまでの開きの人を「直脚」として、これより狭い人を「X脚」、これより広い人を「O脚」と呼んでいます。

一般の高校生の場合は、直脚がいちばん多く、次にO脚で、3番目にX脚という割合ですが、高校サッカー選手の脚を測定したところ、O脚の人がいちばん多く、中でも膝の開きが3cm以上の「かなりなO脚」といえる人も多いことがわかりました。一般の高校生には、かなりのO脚といえる人は、それほど多くありません。「サッカー選手にはカーブ足が多い」、「サッカー選手にはO脚が多い」ということから、サッカーは、足の外側への負担が大きいスポーツだということがわかります。サッカースパイクには、設計上こういったことが考慮されていることや、この特徴を活かせる機能が盛り込まれている必要があります。

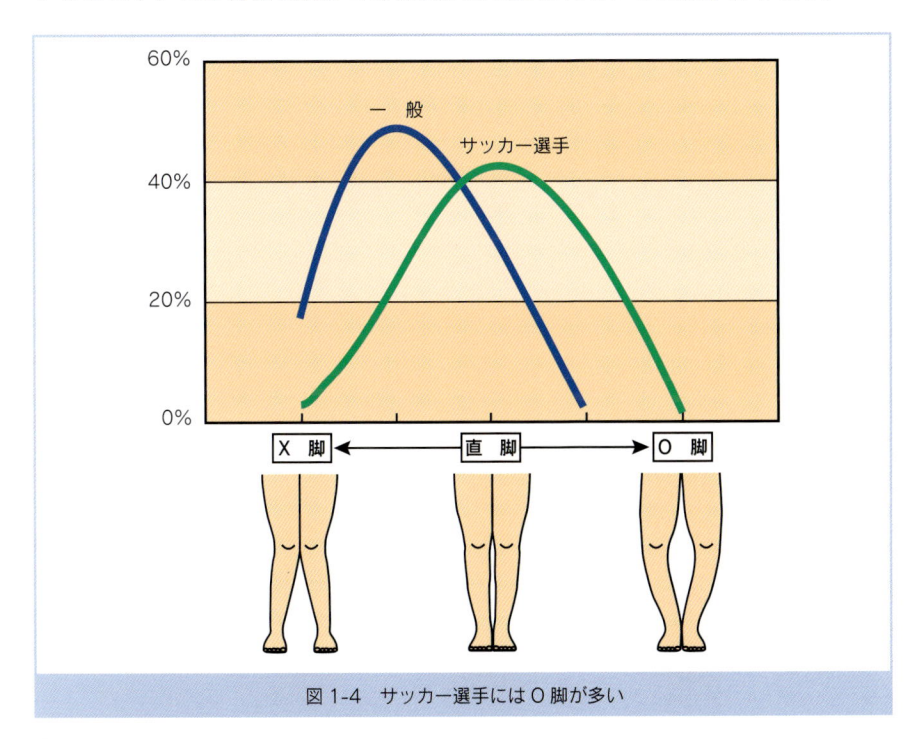

図1-4　サッカー選手にはO脚が多い

■自分のプレースタイルに合ったスパイクを

　サッカー選手には、非常にタイトなフィッティングのスパイクを好む人がいて、小さめや細めのスパイクを選ぶ選手も多いと思います。確かにタイトなフィッティングを薦める専門家もいますが、それはスパイクの素材とも関係することをよく理解しておいてください。

　たとえば良質の天然皮革のように、履いているとよく足になじんでくる素材の場合は、少し細めのスパイクを履いて、履いているうちに自分の足にジャストフィットさせるフィッティング方法があります。しかし、人工皮革の場合は、足になじみにくいものが多く、自分の足より細いスパイクを長く履いていることが、障害の原因になることがあります。そういう見立ては、経験と知識のある店員さんでないとなかなかわからない要素なので、ぴっちりしたフィッティングのスパイクを探している場合は、専門店で聞いた方がよいでしょう。

　サッカー選手の中には、小学生の頃からサッカーをしているという人もたくさんいますが、小学校高学年から中学生の頃は「第二発育急進期」にあたり、足もどんどん成長する時期です。学校用運動靴の中には、足が成長する分を見越した「成長余裕寸法」を入れて、少しゆとりを持たせた靴設計にする場合があります。体育の授業で数年間使うというような場合はこれでもよいのですが、サッカーをうまくなろうとしているのであれば、その時点で自分の足にいちばんフィットするスパイクを履くことをお薦めします。スパイクの構造にもよりますが、大きすぎるスパイクを履いた場合、プレー中に足が「フロントスリップ」（靴内で足が前にずれること）を起こし、足先がスパイクの先端につかえて足趾を圧迫し、「ハンマートウ」（足趾が関節で折れ曲がる障害）や「陥入爪」（爪が足趾の肉に食い込む障害）といった足趾の障害につながるおそれがあります。

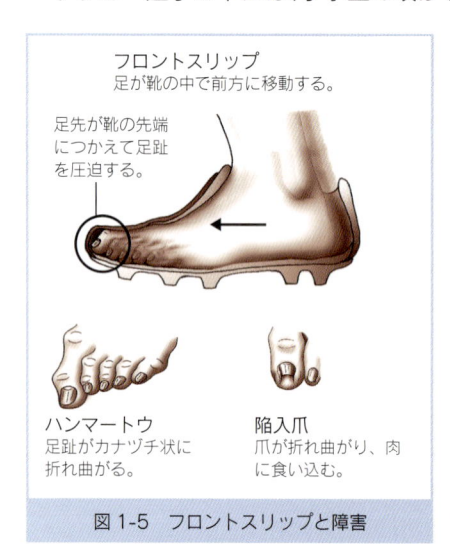

フロントスリップ
足が靴の中で前方に移動する。

足先が靴の先端につかえて足趾を圧迫する。

ハンマートウ
足趾がカナヅチ状に折れ曲がる。

陥入爪
爪が折れ曲がり、肉に食い込む。

図1-5　フロントスリップと障害

　つまり、スパイクが小さすぎても大きすぎても足にはよくないので、激しい運動を伴うスポーツには、その時点でよくフィットする靴を履いてもらいたいと思います。

　ただ、最近は大きめのスパイクを試すトップ選手もいるようです。サッカーの技術が上がってくるほど、よりすばやく動き回らなければならなくなり、より早くトップスピードに達する俊敏性が要求されるようになりますが、自然な身体運動を発揮するには、足趾が自由に動かせる方がバランス性能が上がります。ですから、少し大きめのスパイクを試す場合も、踵から中足部はしっかりフィットしていて、紐を締めることで過度なフロントスリップを起こさないものがよいでしょう。つまり、足趾の部分だけ自由に動かせればよいということです。

　日本のサッカーのレベルが上がってきて、本書の主題のような、新しい技術を試みる監督やコーチ、選手が増加しています。プレースタイルも選手の特徴に合わせていろいろと進化しています。こういうプレースタイルの選手にはこういったスパイクがよいと断定することはできませんが、技術の向上にともなって、より自分に合ったサッカースパイクを着用することが求められます。

（㈱アシックス　三ツ井滋之）

第 2 章

知っておきたい
ディフェンスと「からだ」のこと

1　ボディーコンタクト
2　さまざまなディフェンス
3　ディフェンダーの姿勢とステップワーク
4　スライディング

◆コラム
2-1　のれんに腕押し
2-2　ジンガのあるスタイル
2-3　サッカー選手なら知っておきたい歯のこと

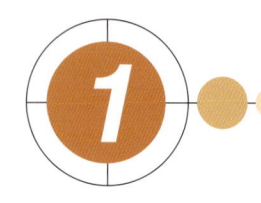

1 ボディーコンタクト

フィジカル

　外国の選手に比べて、日本の選手はボディーコンタクトが弱いとよくいわれます。こういう場合、「フィジカル」が弱いという表現がサッカー界ではよく用いられます。つまり、からだのサイズが小さい日本人は、「筋力トレーニングをして、力負けしないようにしないといけない」、「フィジカルを強くするには、筋力トレーニングをして筋力アップすればいい」と簡単に片付けられてしまうことも少なくないようです。

　フィジカルとは、「からだの」という意味ですが、ここでいうフィジカルは、「からだの使い方」と解釈するといいと思います。フィジカルの差は、体格、筋力の差という視点だけで解決できることではありません。

　コンタクトの強さで有名なカンナバロ選手（イタリア）の身長は176cm、同じくイタリアのガットゥーゾ選手も177cm、さらに元オランダ代表のダービッツ選手は169cmしかありません。

　コンタクトの強さの違いは、決して体格の差だけではないことを彼らは教えてくれます。数値化できる目に見える部分も重要です。筋力トレーニングもおろそかにしてはいけませんが、数値に現れる筋力だけでコンタクトの強さが決まると思うのは間違いです。むしろ目に見えない部分にこそ本当の強さの秘訣が隠されています。このように考えるところから、みかけだおしの強さではない、本当のフィジカルの強さが生まれてくるのです。

写真2-1　激しく競り合うカフー選手（ブラジル）とアンリ選手（フランス）

（写真：PHOTO KISHIMOTO）

著者（中村）が韓国にサッカー遠征に行ったときのエピソードです。対戦相手は城南一和という韓国屈指のプロチームでした。相手の中盤の選手に猛烈にタックルに行ったところ、ボールとは関係ないところで、相手選手の腹部に著者の腕が強い勢いで入りました。著者は相手が襲いかかってくるのを覚悟しましたが、相手選手はまるでこんなことは日常茶飯事だというようなすました顔で、ニコリと微笑んだのです。2002年の日韓ワールドカップでの大躍進と、ドイツワールドカップで見せた「世界の強豪と互角以上にわたりあう韓国のフィジカルの強さはまさしくこれだ」と思い知らされました。それが世界スタンダードなんだと、まざまざとみせつけられたようでした。

写真 2-2　カンナバロ選手
（写真：PHOTO KISHIMOTO）

海外の選手は武道的

「日本代表のサッカー選手は本来の武道、武術の動きから見れば、白帯レベルの選手がほとんどである」とある武道家がコメントしているのを聞いたことがあります。サッカーはボールを扱う競技ですが、ただボールをうまく扱うことだけがサッカー選手の善し悪しを決めるものではありません。1対1で対峙したときにいかに動きの開始とその方向を相手に察知されずに動くことができるか、相手との駆け引きで「からだ」を効率よく使えているか、接触する際の「からだ」の動きはどうか──このような視点で武道的にサッカー選手を評価すれば、まだまだ白帯レベルであるという意味だと思います。

日本のサッカーは「頭でするサッカー」、海外のサッカーは「からだでするサッカー」とコメントしたのもその武道家の方でした。日本文化において武道は、からだの動かし方の根幹を教えてくれる文化的支柱といってもよいと思います。武道の身体操作の観点も踏まえながら、接触を伴った動きをどのような感覚で行えばよいか、みなさんと一緒に考えてみましょう。

[1] 守備をするときの「からだ」

ディフェンダーの鉄則

攻撃の選手に対してディフェンスをする選手は、左右にあるいは前後に動き、

攻撃を仕掛ける選手のフェイントに対応しなければなりません。自ら仕掛けてボールを奪いに行く場合もありますが、ディフェンダーの動きの大半は相手が仕掛けてくる攻撃に対応して、相手の攻撃を封じることにあります。相手のドリブルのコースを予測して動いたり、あるいは読みの逆をつかれた場合には、意図して動いた「からだ」の流れを変更し動き出します。日本代表に選出されるようなディフェンス能力にたけている選手のすばらしいタックルや、相手に対応するシーンを見たとき、よく「身体能力が高いからできるんだ」と一言で片づけられてしまうことがあります。しかし実は、彼らの柔軟な動作感覚にこそ、そのすごさが隠されています。

彼らが日頃から心がけていること、それはディフェンダーの「からだ」は常にあらゆる状況に対応しなければならないということなのです。

相手がボールを回して攻めてくる場合

ディフェンダーは、相手にボールがパスされるときに、そのボールに触れる可能性のあるときは積極的にチャレンジ（インターセプト）するようにとよく指導されます。その次に、相手に前を向かせない、トラップした瞬間を狙って奪うことです。積極的にインターセプトにチャレンジすることが大前提ですが、パスが一度相手に渡ってしまった状況で、プレーイングディスタンスにボールがあるときには相手の状況に応じた守備をしなければなりません。

著者の体験談ですが、トラップした瞬間に相手のボールを奪おうとチャレンジしたものの、その裏を取られてみごとにかわされてしまった経験があります。このように、わざとコントロールミスに見せかけて、ディフェンダーを誘い込む選手がいます。このような手に乗せられないようにするには、試合開始と同時に対面する選手の特徴をよくつかむことです。

しかし、どんなときでもあっても、相手のすきを見計らって「奪ってやる」といった積極性は大切です。どんなに技術があっても、その積極性がなければ、技術は機能しません。ただし、ただやみくもにボールを奪いに行くのも考えものです。ボールを奪う積極性というのは、ボールを相手から奪うことのできるチャンスはいつかをしっかりわきまえるところから出てきます。みかけだおしの積極性ではなく、したたかな計算が必要です。相手に前を向かせないことが結果としてチームに有効なことになります。あとは相手がコントロールミスをしたときがボールを奪うチャンスです。

写真 2-3　インターセプト

相手がドリブルで仕掛けてくる場合

　次は相手がドリブルで攻めてきた場合を考えてみましょう。まず考えなければならないことは、ゴールをさせてはならないということです。そのためにディフェンダーはいくつかの対応策を持っておかなければなりません。状況によって、1対1で勝つこと、相手の攻撃を遅らせること、自分たちのいやな地域（スペース）に入らないように相手のドリブルを誘導すること（75ページ「2　さまざまなディフェンス」参照）などが考えられます。

　これもある武道家（高校剣道部顧問）の方の話ですが、「ディフェンダーはボールを奪いに行かなければならないから攻撃であり、ボール保持者はボールを保持しなければならないから守備である」。著者はこの話を聞いたときに、攻撃と守備の感覚をこのように大胆に変えてやるだけでディフェンス能力が向上するのではないかと思いました。

［2］相手に近い方の軸で当たる

膝の抜き

　相手から遠い足（軸）に力を入れてコンタクトするより、相手に近い方の足（軸）を踏み込んで、その膝を一瞬抜いてからだを支えた瞬間にコンタクトすると、地面反力を活かした強いコンタクトができ、しかも、ボールをコントロールするという点でも有利です。著者（中村）の大好きな選手の一人にダービッツ選手がいます。彼は、小柄な選手にもかかわらず大柄な相手を吹っ飛ばし、そしてみごとなのはそれと同時にボールを奪取し、コントロールしているということです。一つのプレーで一気に二つの動作を行うので、奪われた相手も度肝を抜かれます。

　ポイントは、当たる瞬間に、相手に近い方の足を踏んで、膝を抜くことです（抜いた直後、踏ん張ります）。お尻から当たるような感覚を持てば、よりわかりやすくなるでしょう。その一瞬、作用、反作用の法則で、静止して立っているときの体重分よりも大きな力が地面から真上方向に返ってきます（地面反力）。この地面反力を相手に伝えるからだの使い方が、コンタクトでは最も重要なことです。

　からだが小さくても、そんなに筋力が強くなくても、からだの使い方を知っていれば、相手を飛ばすようなコンタクトもできます。いくら筋肉を太くしても、このコンタクトのしかたを知らなければ、筋肉は役に立ちません。

　みなさんの体重が70kgだとし

写真2-4　相手に近い方の軸で当たる

コラム 2-1

のれんに腕押し

　ティエリ・アンリ選手（フランス）やクリスティアーノ・ロナウド選手（ポルトガル）は、よく肩すかしのような動きをします（写真 2-5）。一度相手にからだを触れさせておいて、相手がそれに対抗する力をかけてきた瞬間に肩すかしをしかけます。ディフェンダーがこちらを強く飛ばそうと力めば力むほど、簡単にひっかかります。

　この場合、まず攻撃側は相手に必ず当たりにいくという姿勢を見せなければ相手に悟られてしまいます。まずは激しく当たってくる相手にからだを当てます。そして相手が対抗してきたら、相手側の軸を消して（軸を切り替える）、重心をすかさず逆の軸に移します。ディフェンダーは、「のれんに腕押し」のような状態になって、バランスを崩してしまいます。ディフェンダーは、このようにからだの左右の軸を使い分けるフォワードの選手には要注意です。左右の軸の感覚がわかってくると、いろいろなプレーが楽しめますよ。

（中村泰介）

写真 2-5　当たっておいてはずす動き

　ましょう。しかし、その体重が軽くなったり、重くなったりするといったら、皆さんは、どういうことを想像するでしょうか。アナログの体重計に乗ってみてください。針は 70kg を指します。しかし、一瞬すばやく、足首と膝を折り曲げて、重心を少し沈ませると、針は 50kg くらいを指します。これを抜重といいます。しかし、膝を抜いた直後に足裏全体で体重の落下を受け止めると、針は 200kg を一瞬指します。つまり、体重は静止しているときが 70kg なのであって、膝の抜きの直後の支えによって、体重の 2〜3 倍くらいの値に増えるのです。

　注意しておきたいことは、膝の抜きというのは、感覚的なもので、外から観察しても、膝の屈曲が目に見えることはないということです。重力にしたがって、からだをいかに一瞬、小さく落下させられるか、そして、次の瞬間には、体重の落下を食い止め、すばやく支えると、体重の 2 倍以上の反力が返ってきます。相手と接触して、相手を飛ばす力は、抜いて得るのです。力を出そうとしてがむしゃらに力むのではありません。

1 ボディーコンタクト

写真2-6 相撲の押し

写真2-7 ウエイトリフティング

（写真：PHOTO KISHIMOTO）　（写真：PHOTO KISHIMOTO）

　相撲の押しも、この膝の抜きによって土俵から突き上げてくる反力を相手に伝える技が物を言います（写真2-6）。膝を抜いてその直後、からだを支えた瞬間に前に出ます。ですから、股を左右に割って、重心を落とすように膝を抜くことで、相手を押せるのです。膝を力んで伸ばそうとして押すと、うまくいきません。
　ウエイトリフティングも、膝の抜きでバーベルを挙げます。膝を伸ばすという感覚ではなく、一瞬、膝を抜く感覚を会得した選手が、一流選手になっていきます（写真2-7）。ウエイトトレーニングでただ筋肉を太くするのではなく、スクワットなどを行うとき、膝の抜きで挙げるコツをつかんでください。陸上競技の短距離や跳躍、投擲(とうてき)選手などが、スナッチ[*1]、ジャーク[*2]などに取り組むと記録が向

[*1] スナッチ
　ウエイトリフティングの種目。床に置いてあるバーベルを1回の動作で一気に頭上に持ち上げる。

[*2] ジャーク
　ウエイトリフティングの種目。バーベルをいったん肩の位置まで持ち上げ、次の動作で両腕が完全に伸び切る位置まで持ち上げる。

TRY 2-1　ボールの押し相撲をやってみよう

　サッカーボールを挟んで向かい合い、2人で押し合いをしてみましょう。肩肘を張った上腕内旋で押す（右側の白いシャツの選手）のと、肘を締めて上腕を外旋、前腕を回内させて押す（左側の赤いシャツの選手）のとではどちらが強いでしょうか。
　実際にやってみればすぐにわかります。肩肘を張った人が簡単に負けてしまうでしょう。試しに、上腕を内旋させたまま両手で押す相手に対して、片腕で対抗できるかやってみてください。もちろん、その片腕は、上腕を外旋させ、前腕を回内させます。上腕を外旋させると、驚くことに片腕でも勝てます。このとき、股関節も外旋して、膝の抜きを使って押すと、鬼に金棒です。

写真2-8 上腕外旋・前腕回内と上腕内旋とで行うボールの押し相撲

上するとよくいわれますが、それは、膝の抜きによる地面反力の使い方をからだが覚えて、そのからだの使い方が競技に活かされるからです。

力感、努力感に頼り切ることをあたりまえだと信じているのが、現代人といえるかもしれません。したがって、膝の抜きというからだ使いは、現代人にとって、なかなか習得がむずかしいかもしれません。しかし、動物としての人間の本来のからだはこの動きを知っています。意識が邪魔をしているのです。

写真 2-9 相手選手に手の甲を向けるコスタ選手（ポルトガル）
（写真：PHOTO KISHIMOTO）

[3] コンタクトも外旋を使う

ここでもう一度、コンタクトも、上腕の外旋力を使う、ということを思い出しましょう。第1章では、ボールをキープした攻撃側の選手が、相手が背後からプレッシャーをかけて当たってきたとき、手の平を相手に向けると弱く、手の甲を相手に向けるようにして対抗すると強い、ということを学びました。

ディフェンスの選手が攻撃側の選手に当たる場合も、同じことがいえます。写真 2-9 のディフェンスの選手は、相手に手の甲を向けて当たっています。そして当たる側のからだが軸となっています。相手から遠い足で蹴って当たりにいくコンタクトに比べると、力感が少ないので、弱い当たりになってしまうのではないかと思う人が多いと思いますが、ここが大きな落とし穴なのです。

相手に近い脚の膝の抜きで当たるときに、体幹を相手側に寄せることが重要ですが、さらに、体幹を寄せるときには、その方向に上腕外旋の力をかけることが重要です。その際、最初は上腕外旋をつくるために、手の甲を相手に向けます（写真 2-10 ①③）。次に、慣れてきたら上腕には外旋力をかけたまま、前腕を回内するようにします（写真 2-10 ②）。

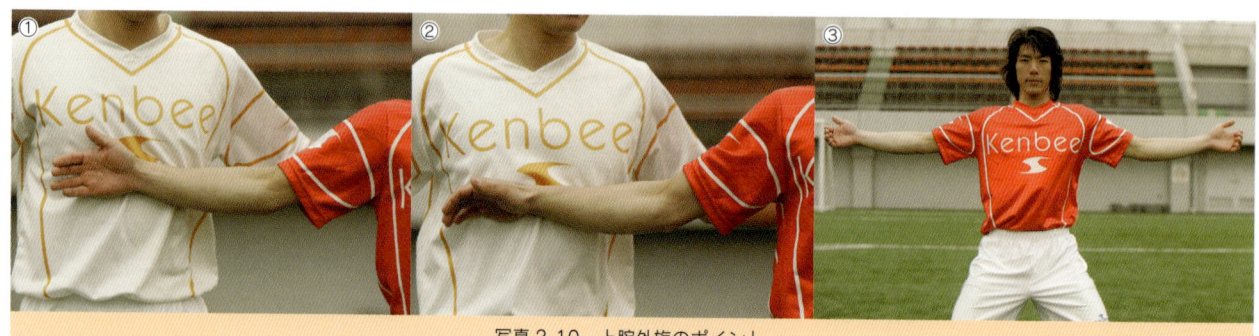

写真 2-10 上腕外旋のポイント

2 さまざまなディフェンス

行かせておいて奪う感覚

　ディフェンダーは、試合ごとに対応する選手が異なります。そのつど、臨機応変に対応しなければなりません。試合開始からわずかな時間で、対応する相手の特徴をつかみ、それに適したディフェンスをしなければなりません。あらゆるパターンを考えて、いろいろなディフェンスの感覚を「からだ」で探りましょう。

　ディフェンスでは、さまざまな局面があり、自分がボールを奪うこともありますが、自分だけで奪いにいくのではなく、味方と共同作業で奪うことが重要な場合もあります。ディフェンダーはときとして、とくにゴール前などを除いては相手チームの攻撃のスピードを遅らせることが有利に働くことがあります。ディフェンス側の数が少ない状況などではこれは鉄則です。

　こういう場合は、考え方を変えて、ボールを奪いきれなくてもよしとするのです。このときに、「行かせておく」というような感覚を持つことができるとディフェンダーとしてのプレーの幅が広がります。行かせておいて奪う、あるいは追い込んで、味方と囲い込むようにして味方に奪ってもらう。何も自分が奪うことだけがすべてではないのですから。

イチロー選手の盗塁はディフェンダーには有効

　蹴って始動するディフェンダーは、相手に先に「行かせる」という発想はなかなかもてないものです。つまり、相手選手が方向転換した方向と反対側の脚に体重をかけて、その脚で地面を蹴って、反対の脚を踏み出して動き出す——こうした動きしかできない選手は、常に相手と同じタイミングとスピードで、相手についていこうとしています。そうではなくて、相手に行かせておいて、相手には抜

写真2-11　イチロー選手が盗塁の始動時に用いるクロスオーバーステップ

写真2-12　行かせておいて奪うディフェンス

けたと思わせておいて、さっとへばりついてしまうディフェンスが大切です。相手が力んで蹴って動くようならば、後出しジャンケンの要領で、先に動かしておいて、さっと追いつくことができます。このような動きには、イチロー選手などが盗塁の始動で用いるクロスオーバーステップが有効です（写真2-11）。

　攻撃側の選手には、スペースに行かせておいて、後からそこに追いつきボールを奪う（写真2-12）――このような感覚で対応することのできるディフェンダーは、実にフォワード泣かせでしょう。

　クロスオーバーステップによる始動では、体幹を倒さないで、垂直に立てておく感覚が重要です。体幹が動く方向に傾いてしまうと、2歩目、3歩目からの加速が効かなくなります。体幹を立てた感覚で始動するためには、頭の向きと目線を、動く方向とは反対の方向に一瞬残すようにすることも、有効な動作感覚となります（写真2-11②参照）。

速い選手に対するディフェンスの感覚――コース先取り

　スピードのある選手に対してデェフェンスする場合は、どうしても他の選手よりも、間合い（距離）が広くなります。Jリーグでプレーしていたディフェンダーの選手に、足が速い選手にはどう対応するのか聞いたところ、次のようなプレーを教えてくれました。

　「先にこちらが左右どちらかにモーションをかけ、相手をその逆に呼び込むよ

写真2-13　速い選手には先に仕掛けて奪う

うなディフェンスをすればいい」というのです。そして、あらかじめ予想していた思い通りのコースに相手がドリブルしてきたら、タイミングを見計らってボールを奪うのです（写真2-13）。

　ここで大切なことは、意図したコースにまず相手を誘い込むために、その逆のコースに行くそぶりを見せること（写真2-13①）、そして、意図したコースに行かせて、タイミングを見計らって奪うことです（写真2-13②〜④）。

　スピードのある選手に対して、こうしたことができるようになるには、力んで地面を蹴る動作ではなく、膝の抜きを利用し、股関節および上腕の外旋をうまく使えることが前提となります。

相手のドリブルのリズムを読む

　ロナウジーニョ選手が仕掛けてきました（写真2-14）。さあ、あなたならどう対応しますか。ドリブルで仕掛けてくる選手、絶妙なパスを出す選手といろいろな特徴を持った選手がいますが、どの選手にもリズムというものがあります。相手のリズムを感じてディフェンスすると動きが面白いくらいによくわかります。

　シザーズをしてくるタイミング、切り返しのタイミングなど、試合中にからだで感じ取って（目で観察するのではなく、リズムをからだで感じる）、そして敏感に対応しなければなりません。リズムを感じ取ることは、1対1の対応や、その他のディフェンスにも役に立ちます。しかし、一流選手のリズムは毎回一定で

写真 2-14 ドリブルで攻め上がるロナウジーニョ選手

はありません。ディフェンダーを困惑させるように、リズムに変化をつけます。これに対応するにはどうしたらいいでしょうか。

次は、フォワード選手のあらゆる動きに対応する、ディフェンス側の姿勢やステップワークを一緒に考えていきましょう。

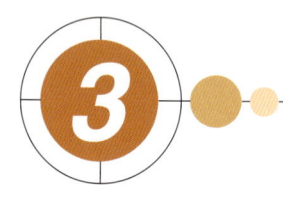

3 ディフェンダーの姿勢とステップワーク

[1] からだに力が入りすぎると内旋して動けない

Q 写真 2-15 と 2-16 ではどちらが相手のドリブルに対応しやすいでしょうか。2-15 の方は、肩肘に力が入って猫背になっています。写真 2-16 は、背中をまっすぐに保ち上腕や肩をリラックスさせ、力感のない姿勢です。

写真 2-16 の構えは、たとえばアメリカプロバスケットボール（NBA）の選手に多く見られる姿勢です。股関節も上腕も内旋で固めて構えると、相手の動きに対して大幅に遅れをとることになります。

ディフェンダーの動きは、先に相手のコースを読んで動くことよりも、どちらかというと相手の動きに対応して後から動く場合が多くなります。そう考えると、ディフェンダーはあまりからだに力を入れすぎず、上腕と股関節を外旋（フリーにする）させ、あらゆる動きに対応しやすい姿勢をつくることが重要です。

写真2-15　力が入って猫背になった構え──上腕内旋

写真2-16　リラックスして背中の伸びた構え──上腕外旋

[2] 早くアプローチする

踵を踏む

　早いアプローチ、いわゆるファーストディフェンスが有効に働いた結果、相手の攻撃を封じ込めることができて、有利に展開できることがあります。そのアプローチに大切なのがスタートの1歩目と2歩目です。ディフェンダーにとって必要不可欠な早くアプローチするということを一緒に考えてみましょう。

　あなたは、前にすばやく出て行く場合、つま先で蹴ってスタートしますか、それとも、踵で踏んでスタートしますか。これは、この本の著者の一人である河端が聞いた話です。フランスに行ったとき、あるサッカークラブの少年たちがランニング練習をしていたのですが、その練習は、少し変わっていて、大きく跳びながら3歩後ろに下がって、前方に切り返してダッシュするというものだったそうです。

　みなさんも、前を向きながら後方に数歩下がってから、切り返して前にダッシュするとしたら、どうしますか。前に切り返すときに、踵を踏むやり方を覚えてみてください。つま先（拇指球（ぼしきゅう））で蹴ってしまう癖のある選手は、なかなか踵では踏めないと思います。いきなり踵で踏めなくてもかまいませんから、踵で踏むような感じで、踵の位置が少し下がりながら前に出ていきます（写真2-18）。そ

写真2-17　アプローチ

写真2-18 踵アプローチ

のときに、その脚の下腿（脚の膝から下の部分）が前に少し倒れるような感じで膝を抜きます。

　この感覚がわかると、気がついたら、踵が着いているようになります。しかし、踵を着けなければならないと直接意識することは、よくありません。気がついたら、そうなっているようにもっていく。ここがポイントです（『スポーツ選手なら知っておきたい「からだ」のこと』P.72の「踵で踏む」参照）。

　後ろ向きに行ってから前に切り返すのが、わが国のサッカー選手の弱点といえそうです。後ろに下がって、前にキック、シュートする。後ろに下がって、前にヘディングする。こうした後ろから前への切り返しが、わが国のサッカー選手は苦手です。ラダートレーニング[*3]も、つま先荷重で移動する選手が多いようですが、後ろから前に切り返すラダートレーニングを取り入れて、膝を抜いて、踵を踏めるようになるといいですね。

　ところで、みなさんは電車やバスに乗っていて、前に倒れそうになったときに、足裏のどこに荷重するでしょうか。前に倒れそうになったときは、つま先に荷重して、前に行くからだにブレーキをかけて、後方に戻します。姿勢のバランス調整で考えると、つま先荷重は、前に行く動きにブレーキをかける動きともいえるのです。

　逆に、後方に倒れそうになったときには、つま先を上げて踵に荷重します。誰でも無意識的にそうします。つまり、踵に荷重するのは、からだを前に動かすときに使う姿勢調節なのです。

　フランスの少年サッカーでは、後方に下がっておいて、いきなり前に切り返す動作をさせますが、これは自然と膝を抜いて踵を踏む感覚を身につけさせるすばらしい練習だと思います。膝の抜き、踵などという言葉での伝達は、学童期にはいらないと思いますが、その代わりに、子どもたちが意識しなくても自然とそのような動作感覚が身につく練習や遊びを指導者は考えていきたいものです。

　試合中、相手と接触して体勢を後方に崩すことがよくあると思いますが、このとき、みなさんはどうしますか。多くの人がつま先で、必死で力一杯、地面を蹴

*3 ラダートレーニング
　マス目のあるはしご状のトレーニング機器を地面に置いて、さまざまなステップワークを行うトレーニング。

写真 2-19 崩れた姿勢から踵を踏んで出る

って体勢を立て直そうとするのではないでしょうか。踵を踏んで、ボールにアプローチすれば、拇指球（つま先）で蹴って出る力感はほとんど感じず、スムーズに出ることができます。相手と接触して、こぼれたボールを保持できるかどうかは、試合を有利に運べるかどうかに直結します。ポイントは、膝の抜きと、踵で踏めるかどうかにかかっています。

2 歩目、3 歩目まで含めて考える

しかし、せっかく 1 歩目がすばやく出ても、2 歩目を力んで蹴ってしまっては、大きなロスが生じてしまいます。ディフェンスは相手の動きに瞬時に対応しなければならいという重大な役割があります。しかし、力が入り過ぎると、余計なロスが生じてしまいます。早いアプローチや、ディフェンスするときのステップワークの 1 歩目も大切ですが、その 1 歩目を活かすも殺すも 2 歩目次第なのです。

「TRY2-2」のトレーニングは、京都大学「スポーツ実技　二軸動作」（小田担当）の授業で取り組んだもので、1 歩目より 2 歩目を大切にし、その 2 歩目を力んで蹴らないことを心がけて行ったものです。急激なスタートダッシュを必要とす

TRY 2-2　早くアプローチするための練習法

1 歩目はタイミングをとりながら、歩幅を小さくしてゆっくりと始動し、2〜3 歩目で加速するような感覚で、アプローチに入るようにしてみましょう。ただし、加速しようとするあまり 2 歩目を大きく蹴ってしまうとブレーキになってしまうので、注意してください。

写真 2-20　アプローチの 1 歩目はゆっくり

る競技で陥りやすいのが、せっかく1歩目にいいスタートを切っても2歩目でブレーキをかけてしまうことです。蹴ってしまったり、歩幅を大きくとったりすることがブレーキになってしまうのです。1歩で追いつこうとするのではなく、つまり、1歩ですべて決着させようとするのではなく、1歩目でタイミングをとり、2～3歩目で加速していけばいいのです。これは、攻撃の場合のかわし技でも同じことがいえます。

　クラウチングスタートのトレーニングも同じ授業で取り組んだことです。前脚の膝の位置（高さ）が、スタート直後、一瞬下がります。蹴ってスタートすると逆に上がります。1歩目に蹴って出るのか、膝を抜いて出るのかでは、のちのちに大きな差が出ます。蹴って出るより、抜いて出た方が後の走りに思いがけない余力を残せます。また、加速も効いてきます（『スポーツ選手なら知っておきたい「からだ」のこと』P.127～128参照）。

[3]　サイドステップ

浮かせた脚を外旋する

　股関節を外旋することは、動きをスムーズに、そして速くすることにつながるということは、みなさんもだんだんとわかってきましたね。前述のように、横方向にすばやく動くには、クロスオーバーステップを使う場合もあります。しかし、左（右）に行くのに、左足（右足）を浮かせて、右足（左足）を支持足とするサイドステップの方法も頻繁に使われます。

　サイドステップでも、浮かせた脚の膝頭を行きたい方向にほんの一瞬向けてやるかどうかで、明らかにからだの感覚が異なります（写真2-22）。膝頭を一瞬外に（行きたい方向に）向けてやることでスムーズに、そして速くサイドステップを行うことができます。

　この場合、浮かせた脚が軸です。立ち足（支持足）の軸は消します。消すには、支持足の膝を抜いて、足裏のアウトエッジで支えます。このような二軸サイドステップは、ディフェンダーにとってかなり有効となります。

　写真2-21のように支持足（右）のインエッジ（拇指球）で蹴って横方向へ進む動作感覚の人はよく考えてみてください。

[4]　すばやいターン

　ディフェンダーはたとえ体勢を崩しても、最後の最後まで相手に対応する責任があります。ここで一緒に考えたいことは、からだが行きたい方向とは違うところを向いていても、膝を行きたい方向に向けてやれば、その膝に誘導されるかのようにからだもついていくということです。このことは、バスケットの守備などでも効果的です。

　写真2-23を見てください。前を向いた状態から、右膝を行きたい方向の真後

3　ディフェンダーの姿勢とステップワーク

写真2-21　通常のサイドステップ——支持足のインエッジで蹴る

写真2-22　股関節を外旋させたサイドステップ——浮かした脚の膝頭を進行方向に向け支持足のアウトエッジで支える

写真2-23　行きたい方向に膝を向ける（右膝に注目）

第2章 知っておきたいディフェンスと「からだ」のこと

ろに向けてやるだけでスムーズにターンができ、後ろに走ることができています。このからだの使い方は、ディフェンダーならぜひ知っておきたいことです。

> **Q** 相手に逆をとられたとき、あなたは次の二つのステップのうちどちらの方が速く追いつけると思いますか。
> ①通常のステップ（進行方向側の足が1歩目、写真2-24）
> ②遊び足ステップ（進行方向と反対側の足が1歩目、写真2-25）

　ほとんどの選手は、①の方を選択するのではないでしょうか。写真2-24でいうと、逆をとられたら、右足を支持足としたまま左足を大きくヨイショとステップして対処しようとするということです。それに対して②の遊び足ステップでは、行きたい方向とは反対側の足を1歩入れて対応します（写真2-25の②）。

　写真2-24では、相手が切り返してきたのに対して、右足を軸にして左足を1歩目としています。バスケットのピボット動作に似た動きです。一方、写真2-25は、切り返された方向（左方向）に進む前に一度右足を浮かして小さくステップを入れているのがわかります（写真2-25②で右足が地面から離れた状態）。

写真2-24　通常のステップ——進行方向側の足が1歩目

写真2-25　遊び足ステップ——進行方向と逆側の足が1歩目（③のディフェンダーの右足に注目）

これを「遊び足を入れる」と表現します。

　では、そうするとどうなるのでしょうか。写真2-24と2-25の③を見てください。写真2-24の③では、相手のドリブルに対して体勢を崩していますが、写真2-25の③では、相手のドリブルに対応ができています。遊び足を入れることによって、2歩目、3歩目の足の運びがスムーズにいくのです。1歩目で勝負を決めることもありますが、まずはボールを持った相手選手のあらゆる動きに対応できるということが重要です。それはどんなに鋭いドリブルにもついていけるということです。まずは、この感覚を身につけたいものです。

　遊び足を入れるステップとはそういうことなのです。世界のトップのリーグであるプレミアリーグ（イングランド）やリーガ・エスパニョーラ（スペイン）のディフェンスの動きを見ていると、不利な体勢からであっても抜かれた相手にシュート直前までには追いつくというシーンがよくあります。それは彼らが、強く踏ん張って対応せずに、1歩目を小さく入れて、2〜3歩目から加速して相手についていくという身体感覚を持ちあわせているからに他なりません。これは、頭でいくら考えても理解できません。一人でも試せるので実際にやってみましょう。ラダートレーニングの小さく踏む感覚は、遊び足となって活きてきます。

4　スライディング

　ディフェンス技術の中に、スライディング（スライディングタックル）があります。ここでは、スライディングのからだ使いについて見ていきましょう。

写真2-26　中澤選手のスライディング

（写真：PHOTO KISHIMOTO）

中澤選手がスライディングをしています（写真2-26）。さて、ボールの行方は、①ピッチの外、②相手選手、③味方選手のどれでしょうか？
　ここでもう一つ問題です。あなたはいくつのスライディングを知っていますか、そして使えますか？

スライディングで終わらない

　スライディングを有効に使えることは選手にとって明らかにプラスとなります。スライディングをプレーの最後と捉えるか、プレーの最初と捉えるかで、プレーは大きく変わってきます。元オランダ代表のベルカンプ選手は、スラインディングをしながらボールを1～2回触り、ターンしたり、キックしたりします。
　このように、スライディングをプレーの最初、あるいは途中と捉えることで、スライディングしながらシュートやパスなど、滑りながらもう一つのプレーを同時にすることができます。また、滑ってすぐ立ち上がりボールの転がった方向へスタートするなど、スライディングをした後の次のプレーへの移行も早くなります。このように、プレーの捉え方、動作感覚が異なるだけでプレーが大きく変わってくるのです。「ワンチャンス・ツープレー」という言い方もあります。

ピンポイントスライディング

　写真2-27を見てください。このスライディングはボールめがけて滑っています。これはボールのみをターゲットとした、一点集中のピンポイント感覚のスライディングです。こういうスライディングが必要な場合もありますが、もしもボールに当たらず空振りになったら、フィールドからプレーできる人数が1人減ってしまいます。ですからこのようなスライディングは、確実にボールを捉えられると判断したときや、あるいは無理な体勢から相手のボールを突っつく場合によく使われます。

スペースにスライディング

　写真2-28を見てください。このスライディングはボールに行くのではなく、その相手とボールが進む方向を見越してスペースに滑っています。これは、ボールあるいは人をターゲットとしているわけではありません。
　ボールをキープしたり、奪ったりということはボールのみを支配するのではなく、相手がボールを支配するスペースを奪うということなのです。そして直後に走り出せるスペースを支配することを前提としています。スライディング後もすぐ立ち上がり走り出すことは野球の二塁、三塁にスライディングするイメージに近いと思います。ここでは二つのスライディングを考えてきましたが、どちらのスライディングも場面に応じて使い分けることができれば、相手とのボールの奪い合いで大きく有利に働きます。そして、スライディングでプレーが終わると考えるか、それともプレーの最中と捉えるかで、プレーは大きく異なってきます。

写真 2-27　ピンポイント感覚のスライディング

写真 2-28　スペースにスライディング

走りながら立つ

　では、スライディングして倒れた状態からすばやく立ち上がって走り出すにはどうしたらいいでしょうか。ラグビーでもそうですが、立って、そして走るというふうに、立つことと、走ることを、別々に分けて、順番に行う選手が多いようです。

　しかし、優秀な選手は、立ちながら走り出します。1歩でぴょこんと立って、2歩目から走り出すのではなく、3〜4歩かけて走りながら徐々に立ちます。立つことと、走ることを並列に処理しています。それには、走る練習に倒れる動作を入れて、倒れては走りながら立つ練習を繰り返すことです。

コラム 2-2

ジンガのあるスタイル

　サッカー選手のプレースタイルについて「あの選手はジンガがある」という表現を聞いたことはありませんか。とくにブラジル人サッカー選手に対してよく使われる表現ですが、彼らが試合中に軽やかなステップと身のこなしで、ディフェンダーをドリブルで抜いていく光景は見たことがあるでしょう。

　有名選手のエラシコやシザーズに代表されるように、ジンガとはドリブル時のボールさばきもさることながら、からだの動きだけで相手をかわすことといわれています。しかし、ジンガはサッカーだけでなくブラジルの伝統武芸「カポエィラ」にもある動きなのです。

　カポエィラとは、多様な蹴りと地面をはうような動き、そしてアクロバットを織り交ぜて相手の攻撃をかわしながら攻防を繰り広げるものです。また、さまざまな楽器の奏でるリズムに乗って動き、周りの人々は手拍子をして歌い、する者と見る者が一体となって楽しみます。カポエィラを初めて見ると、流れるような蹴りの応酬やアクロバットの連続技に目が行きがちですが、カポエィラで最も注目したい点は、どんな状態からも自在に動けるバランス感覚と瞬発力を可能にするジンガなのです。写真 2-30 は、ジンガのようすを左から右へ示したものです。足下の青い三角形は左足で頂点を踏み、黄色は右足で頂点を踏みます。この一連の流れを 4 拍子で行います。このときからだの重心はほぼ三角形の真ん中に安定させて全身のバランスをとり、状況に応じて自由にジンガを踏みます。そのために下半身の筋力が必要なのはいうまでもありませんが、上半身を大きく使いバランスをとることにより、腰を落とした姿勢での多彩で機敏なジンガが可能になるのです。

　カポエィラでは、ジンガでさまざまなことを仕掛けます。ジンガをしながらフェ

写真 2-29　カポエィラ

写真2-30　ジンガ

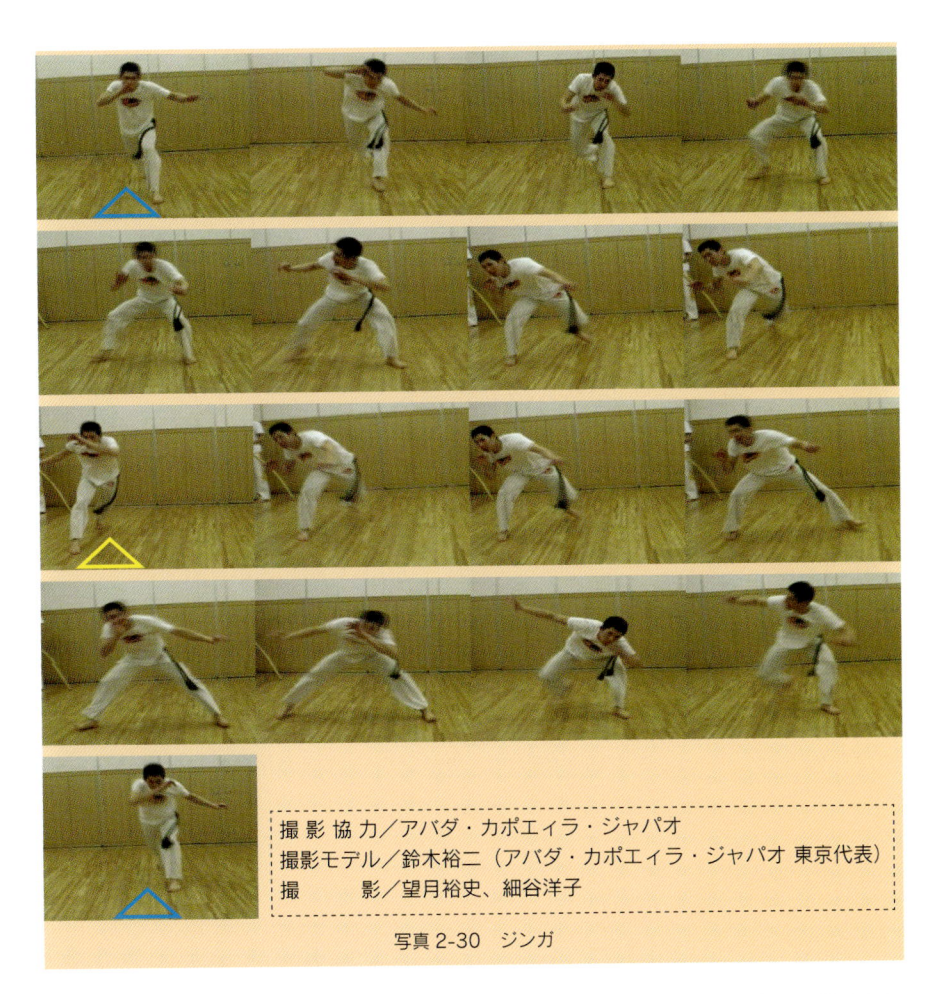

撮影協力／アバダ・カポエィラ・ジャパオ
撮影モデル／鈴木裕二（アバダ・カポエィラ・ジャパオ 東京代表）
撮　　影／望月裕史、細谷洋子

イントをかけたり、一瞬止まってリズムを狂わせたり、後ろに下がって蹴りをかわしたりして相手との距離を調整してタイミングを計ります。ときには蹴りが命中したふりをして観客を楽しませつつ、相手を油断させて頭突きをすることもあります。また、巧みなフェイントで視線をそらして相手の逆をとって蹴り技を仕掛けた瞬間、逆を取られた方がさらに足払いをすることもあり、その駆け引きはとどまるところを知りません。

このように、カポエィラにはさまざまな方法で相手を巧みにだまして駆け引きを楽しむ遊び心が欠かせません。これはマリーシアともいわれ、用心深さと相手をだます賢さを意味します。これをもって初めてジンガが効果を発揮するのです。サッカーの場合、全身のバランスと自在にボールを操る技術や柔軟な上半身の動きによってジンガが可能になり、マリーシアをもって相手と駆け引きを楽しむことで「ジンガのあるスタイル」となるのではないでしょうか。

（鶴川女子短期大学　細谷洋子）

コラム 2-3

サッカー選手なら知っておきたい歯のこと
──スポーツ・マウスガードの可能性──

写真 2-31 市販のスポーツ・マウスガード

サッカーの選手ならばだれしも、競技力を少しでも向上させたいと常に願い、トレーニングに励んでいるはずである。しかし、それをもっと効率よく行うための歯の重要性を理解している人はまだ少ないのではないだろうか。

競技能力・身体能力の向上に直結する歯の要素がある。それは咬合、すなわち歯の咬み合わせである。これまでの研究によって、上下の歯をしっかり咬み合わせたときの咬合力と、そのときの上下の歯の接触面積を解析すると、一流選手ではその面積が有意に大きいことがわかっている。さらに、一般の人と比較すると、そうとうしっかりした咬合状態である場合が多いともいわれている。

このような咬合と競技能力の関係については、わが国ではまだ十分に認識されているとはいえない。しかし、アメリカでは、陸上競技のカール・ルイス選手やリロイ・バレル選手（陸上100mの前世界記録保持者）などの一流選手が、決して歯並びが悪いわけではないの歯列矯正をして、少しでも上下の歯の接触面積を増やそうとしていたことはよく知られている。

スポーツと歯の関係について、歯列矯正とともに注目されているものにスポーツ・マウスガードがある。マウスガードは、外からの衝撃から歯や歯周組織（歯ぐきや歯を支える骨など）を守るとともに、歯によって口唇、舌、頬の内側が傷つくことを防ぐことを目的に装着される。マウスガードを使用することによって、スポーツにおける負傷の約30%を占めるといわれる口腔周辺の外傷を予防することができる。さらに、その安心感から、より思い切った積極的なプレーができるという精神面なメリットも期待できるだろう。

さらに、マウスガードを正しく使用すると、からだのバランスの安定、筋力の向上が見られるという研究データがあり、種目によっては競技力の向上も報告されている。その原因としては、マウスガードによって歯全体が覆われるため、結果的に咬み合わせが向上することが考えられる。咬み合わせが向上すると、個人差はあるが咀嚼筋の最大収縮に影響を与え、全身的な筋力を増加させる傾向がある。あるいは、ずれた咬み合わせが本来の形に補正されるためだという説もある。

ただし、マウスガードの装着には慎重な態度が望まれる。スポーツ店などで市販されている簡易型のものもあるが、正しい咬み合わせができず顎関節を痛めるなど、かえって危険なことがある。「着けてさえいればいい」という考え方では決してよい結果は得られず、かえってプレーを制限することにもなりかねない。

（長崎県・歯科医師　東　洋一）

第3章

ゴールキーパーなら知っておきたい「からだ」のこと

1 すばやい反応
2 ゴールキーパーは無意識で動く
3 ゴールキーパーも股関節・上腕の外旋を使う
4 前に出る
5 セービング

◆コラム
   3-1 ゴールキーパーの泣き所
◆日本代表ゴールキーパー　楢崎正剛選手に聞く
　「昔も今も変わらないこと、それは基本」

ラグビーは、横幅約 70m のゴールラインの内側のどこにでも、ボールをグランディングすれば得点（トライ）になります。しかし、サッカーの場合は、いくら攻撃で相手のサイドをえぐっても、最後にゴールラインの真ん中のゴールにボールを入れられなければ得点にはなりません。サッカーでは点が入る機会がラグビーに比べて少ないのは、ゴールが真中にあるということと無関係ではありません。

ディフェンス陣もそのことを押さえておくのと、そうでないのとでは、動き方がまったく変わってきます。いずれにしても、ゴールの前に立って、ディフェンダーと連係をとりながら、最後にゴールを守るのはゴールキーパーです。

> **Q** さて、1994 年、1998 年のワールドカップに、メキシコ代表として出場したゴールキーパーのカンポス選手の身長は何 cm だと思いますか。160cm 台の小柄な選手だったでしょうか、それとも 190cm 台の長身選手だったでしょうか。

正解は 168cm という 170cm にも満たない小柄な選手でした。ゴールキーパーにとって小柄ということは致命的ともいわれますが、世界一を決めるワールドカップという大舞台で、カンポス選手のような小柄な選手が大活躍したのです。彼は、小柄であっても、戦い方、からだの使い方次第では、ゴールキーパーとして十分に世界で通用することを証明しました。

サッカーの試合において、ゴールキーパーは非常に重要な責任を担っています。「サッカーの主役はゴールキーパーだ」という気持ちがないとゴールキーパーは務まりません。サッカーでは、ゴールを決めるか決められるかが、試合の勝敗を決定します。その肝心なチームの命を守っているのです。それゆえに決してミスは許されません。

試合中は、天候（太陽の位置、雨、気温、湿度）や芝生の状態、得点差、時間

写真 3-1　1990 年代にメキシコ代表として活躍したカンポス選手

（写真：PHOTO KISHIMOTO）

経過、味方や相手選手の動きなどに常に集中し、味方を励まし、ときには味方のミスをカバーしなければならないこともあります。このような仕事をこなすゴールキーパーのからだは、どのようなものなのでしょうか。相手から放たれる鋭いシュート、驚異的なジャンプ力でヘディングしてくる選手、ゴールを鋭くねらってくるフリーキックなどに、ゴールキーパーはどう対応すればよいのでしょうか。

　この章では、日本代表のゴールキーパーである楢崎正剛選手（名古屋グランパスエイト）の動作感覚などをヒントに、ゴールキーパーなら知っておきたいからだの感覚を探ります。優れたゴールキーパーはどこが違うのか、小柄でもよいゴールキーパーになるにはどうすべきなのか、こうした誰もが抱く疑問や希望に対して、きっとすばらしいヒントが得られると思います。

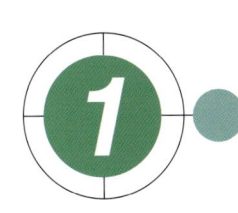

1　すばやい反応

どちらの足を1歩目と思うか

　楢崎選手にインタビューして、まず、感じたのは、1歩目と感じる足が違うということです。相手がシュートを打って、ボールが自分の右側に飛んできたとしましょう。このときあなたは、ボールに対して遠い方の足を1歩目と感じますか、それともボールに近い方の足を1歩目と感じますか。これはつまり、ボールに対して遠い方の足にまず体重をかけてその足で蹴って跳ぶか、それともボールに近い方の足に体重をかけてその足を起点にして跳ぶかということです。

　どちらの足を1歩目と感じるかは、ゴールキーパーにとってとても重要なことです。どちらが正解かは、ここでは伏せておきますが、この章を通してどちらの足を1歩目と感じた方がいいのか、一緒に考えていきましょう。

判断は早く、そして的確に

　ゴールキーパーのプレーで重要なポイントの一つに「早くボールに触る」ということがあります。ボールをキャッチするのは無理であっても、指先でほんの少しでも触って軌道を変えることができれば、ボールがネットを揺らすことにはなりません。そのためには、相手選手がシュートを放った瞬間からボールの軌道を見極め、どのような軌道で、どのようなコースに飛んでくるのかを瞬時に判断しなければなりません。

　コーナーキックの場面で、ボールをキャッチすることもパンチングも無理だと感じたら、すかさず、相手のシュートに対応する体勢をとらなければなりません。ボールに手は届かないと見切りをつけることは、ゴールキーパーにとって重要な判断です。この判断を早く、そして的確に行えるということは、ゴールキーパーとして、非常に重要なことです。

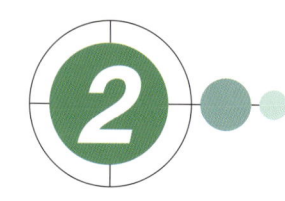

② ゴールキーパーは無意識で動く

　では、すばやい判断に対してからだの反応はどうでしょう。早く判断したもののからだが思ったように動かなかった、反対に気づかないうちにボールに触ってゴールを阻止していたという感覚を経験した人も少なくないと思います。このような無意識に近いからだの動きとは、いったいどのようなものなのでしょうか。

　意識をはずしたからだの動き、なかば無意識のからだの動き――どのようにしたらボールの方へからだがすばやく動くようにできるのでしょうか。ここからは、ゴールキーパーのからだの反応を探っていきましょう。脳からの意識的な指令で動くのではなく、いかにしたらからだが反射的に動くようになるのでしょうか。このような視点でいくつかのことを考えてみましょう。

[1] 構えはニュートラル

> **Q** あなたの構えは、次の二つの姿勢うち、どちらですか。
> ①猫背で前傾した構え（写真 3-2）
> ②やや胸を張った構え（写真 3-3）

　写真 3-2 は猫背で前傾しています。一方、写真 3-3 はやや胸を張っているような感じを受けます。どちらの方がシュートにすばやく対応できるでしょうか。どうしても「止めてやる」とか「止めなければ」と意気込むと、肩肘に力が入り①のような姿勢になりがちです。そして、低い姿勢で構えるとプレーエリア（後

写真 3-2　猫背で前傾した構え 　　　写真 3-3　やや胸を張った構え

写真3-4　ブッフォン選手（イタリア）

（写真：PHOTO KISHIMOTO）

述）といわれる空間が狭くなります。それは相手選手にとってはシュートコースが広くなることを意味します。また、極端に膝を曲げると、動き出すために余分に筋力を使うことにもなります。

　一方、②のような構えは海外の選手に多く見られます。たとえば、アメリカのプロバスケットボール（NBA）の選手を見ると、日本のバスケットボールの選手に比べ、上体が極端に倒れてはいません。そして、②の構えは、①よりも動きやすい姿勢といえます。

　動き出し（始動）を車の運転でたとえると、まずは、ギアをニュートラルに入れ、エンジンをかけておくことです。そこから、ギアをローに入れ、ブレーキペダルから足を離して、アクセルを踏むと、その瞬間に車は動き出します。

　構えとは、ギアをニュートラルにして、エンジンをかけておくことです。肩肘が張った、力んだ状態で構えると、いったん、力を抜いてから動き出さなければいけないため、その分、始動が遅れます。不必要な力を抜いて、ニュートラルにしておけば、始動がスムーズにできます。力を抜いた構えというのは、エンジンを切った状態のことではなく、ギアがニュートラルでエンジンがかかった状態のことです。

　ゴールに向かって打たれたシュートに対して、からだに力を入れすぎることなく、股関節にからだの重みを感じ、股関節をやや外旋状態にして緩ませ、そして上腕を外旋させておきます。そうすることで打たれたシュートに、素直に早く対応できる姿勢となります。

　打たれるシュートの強さ、方向などをからだで感じ、いちばん動き出しやすい構えを日頃の練習や試合などで体得しておくことが大切です。

　世界で一流といわれるゴールキーパーのプレーは、一見華やかな印象を受けます。しかし、彼らの華麗なプレーは、実際は「華麗に見せよう」とか「観衆を沸かせてやろう」といった感覚ではなく、ただ打たれたシュートをキャッチしたり、

はじいたりしているだけにすぎません。

結果的に華麗に見えるのであって、決してそれをねらっているわけではありません。「ゴールキーパーが目立たないチームがいいチーム」などともいわれますが、本物のゴールキーパーは、華麗なプレーを支える地味な部分を大切にしているのです。

[2] プレーエリア

写真3-5を見てください。ゴールキーパーが両腕を広げています。これをゴールキーパーのプレーエリアといいます。ゴールキーパーは、このスペースにシュートを打たせて止めることが大切です。

このプレーエリアは、ゴールキーパー次第で大きくもなり、また小さくもなります。それはシュートに対して立つポジションであったり、姿勢であったりします。華やかなセービングは観衆を沸かせますが、しかしいちばん大切なことは、打たれたシュートに対してできるだけ足を運んで、このエリアで止めることです。

自分のプレーエリアにシュートを打たせる

プレーエリアとは、ゴールキーパー自身が「確実に」ボールを触ることができる範囲のことを指します。前後左右のポジショニングを正確にとることや、味方ディフェンダーをうまく使うことで、相手のシュートコースを限定して、自分のプレーエリアにシュートを打たせるのです。「シュートを打たれる」のではなく、「シュートを打たせる」という感覚を持つことが大切です。

強烈なシュートや、鋭いコースにいったシュートをセービングするシーンで、ゴールキーパーの好セーブに観客が沸くことがあります。「入った！」と誰もが思うシュートをみごとに跳んで阻止するゴールキーパーは、観客を魅了します。

写真3-5 ゴールキーパーのプレーエリア

コラム 3-1

ゴールキーパーの泣き所

「あなたにとっていやなコースは、次のうちのどこですか」とあるゴールキーパーに聞いてみました。
　①脇の下
　②真　横
　③股　下
　④頭　上

ゴールキーパーによって個人差はありますが、①の脇の下は腕を使うか、足を使うか判断に苦しむところで、実にゴールキーパー泣かせなコースでしょう。また、③の股下も、意識がはずれやすい場所で、ここに打たれると、打たれた瞬間「アッ」と思うはずです。

そして、意外と知られていないのが、④の頭上なのです。頭上にシュートを打たれると手も足も出ないことがあります。からだの構造を考えても、腕を頭上に移動することは、他の方向へ運ぶよりも時間を要します。つまり、頭上はゴールキーパーの泣き所といえます。

写真3-6　いやなコースは？

そのようなプレーを可能にするゴールキーパーのからだの使い方を、ここからもう少し詳しく探っていきましょう。

3　ゴールキーパーも股関節・上腕の外旋を使う

股関節の外旋と上腕の外旋

股関節の外旋については、ジダン選手、フィーゴ選手などの例をあげて説明しました。股関節を外旋させて、膝頭を向けた側にスムーズに動くというからだの使い方は、ゴールキーパーの動きについても、当てはまります。

上腕を外旋させるということも、これまでの章で触れました。上腕を外旋させておくとコンタクトの際に非常に強いことも述べました。この上腕の外旋は、ゴールキーパーがすばやく反応することにおいても有効なからだの使い方です。

もう少し詳しく述べましょう。上腕の外旋と股関節の外旋とは連動しており、股関節が外旋していれば、より速く上腕を外旋することができます。そして、上

第3章　ゴールキーパーなら知っておきたい「からだ」のこと

写真3-7　右腕、右股関節の外旋を使って右に跳ぶ

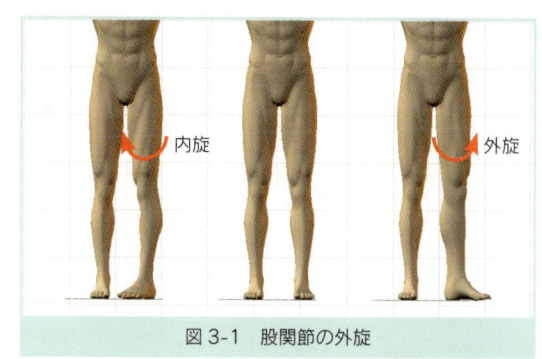

　腕が速く外旋しながら動くことは、ボールに対してすばやく反応するということに直結します。
　右にきたボールに反応するときは、①右腕の外旋が一瞬先で、その後、②体幹が右に移動し、③右股関節が外旋して、④右の膝を抜いて、⑤右に跳ぶという順番になります（写真3-7）。

図3-1　股関節の外旋
（作図：小山田良治）

④ 前に出る

　ゴールキーパーは、例外はありますが、相手がシュートを打つ前にできるだけ前方に出た方が有利になります。それはなぜでしょうか。写真3-8を見てください。シュートを打つ側から見ると、ゴールキーパーに近くに寄られるほどシュートコースは狭くなります。反対に、ゴールキーパーは、できるだけ相手選手にからだを寄せて、自分のプレーエリアにシュートを打たせて止めるという感覚が大切です。最初から「跳んでやる」などと意気込むのではなく、至近距離になるほど冷静を保ち、からだの反応に任せることがゴールキーパーの鉄則といえます。

［1］前への飛び出し方

　これまでの章で、フィールドプレーヤーが前に出るときには、膝を抜いて、踵で踏むことが重要だということを説明してきました。踵を使ったスタートがスム

4 前に出る

写真 3-8 ゴールキーパーに寄せられるとシュートコースは狭くなる

ーズで、からだが流れるように進むことはみなさんも実際に感じたことでしょう（写真 3-9）。つま先でスタートを切ると、芝生や土を蹴ったり、引っ掻いたりすることになります。万が一スパイクのポイントが芝生をつかめなかったら、あるいは逆につかみすぎたら、その後のプレーに支障が出ることでしょう。

ゴールキーパーにとって、1 歩目は命であり、それ次第でその後のプレーが決まるといっても過言ではありません。

ゴールキーパーはセービングをする際、完全に静止した状態から踏み切ることはまずありません。踏み切る前に、小さなジャンプ（プレジャンプ）や、ジャンプはしなくても少し高い姿勢から基本姿勢に腰を落とす動作が入ります。

つまり、①構えのポジションをとる、②プレ動作から基本姿勢に移る、③踏み切ってセービングをするという流れになります。このプレ動作によって、どちらかに重心を移動させる準備をして、シュートが放たれた瞬間、方向を把握して移動するのが最もよいと考えられます。

TRY 3-1　踵で踏んで出る

ゴールキーパーがスタートを切るときに、つま先で蹴って出るより踵で踏んで出る方が速いかどうか、実際に試してみましょう。

写真 3-9　踵で踏んで出る

99

写真3-10　いい準備のできている体勢（構えのポジション→基本姿勢）

[2] プレジャンプ

　プレジャンプとは、シュートに対応する動作に入る前に、あらかじめ動きやすいように一度軽いジャンプを入れることをいいます。相手がシュートのそぶりを見せると、それまでリラックスして構えていたゴールキーパーも、やはり力んでしまうものです。

　その力みを解消するために、プレジャンプをし、着地して、膝を抜き、股関節を外旋で緩め、肩を下げ、上腕も外旋して緩めます。つまり、前述したように、車の運転でいえば、ギアをニュートラルにして、いつでも動けるようにしておくのです。テニス選手が、サーブを待ち受けるときにも、プレジャンプを行いますが、それと似ています。

　踵で踏んで出ていく動きは、常日頃からつま先で蹴って進むことが習慣となっている人にとっては、違和感を感じるのではないでしょうか。しかし、何人かのゴールキーパーと話をしたところ、踵を踏んで出る感覚を実際に持っている選手もいました。

　つま先で出るか、踵で出るか、ゴールを阻止するためにはゴールキーパーにとってきわめて重要なポイントです。最初は、踵を踏めなくても、踵を地面に着けるような感覚で、膝を抜くことを覚えましょう。慣れてきたら、いつのまにか、自分では意識しないでも、踵を踏む動作になっています。

　動作というものは、すでにその動作が自動的に（無意識的に）できるようになっていると、その動きを変えるときには、いったん動きが悪くなってしまいます。つま先で蹴って出ていた選手が、膝の抜き、踵に直接的な意識をおくために、脳の中で自動的に流れるはずの運動プログラムが分断され、スムーズに運動プログラムが流れなくなります。頭では意識的にいい動作をしているつもりでも、実際のからだの動作は遅くなってしまうのです。したがって、多くの人が自分の動作を変えることをためらいます。しかし、だんだん慣れてくると、今度は、膝を抜

> **TRY 3-2** プレジャンプ後、踵で踏んで出る
>
> 今度は、プレジャンプをした後に、踵を浮かしてつま先で蹴って出る動きと、足裏全体を着けて踵で一瞬踏んで出る動きとでは、どちらがスムーズに動けるか試してみましょう。

写真 3-11　プレジャンプをした後、踵を踏んで出る

いて踵を踏む動きが自動的に（無意識的に）できるようになります。

いったん悪くなってからよくなる。これが動作習得の法則です。動作を変えようとして悪くなったら、「よし！」と喜べるくらいに気長に構えましょう。自然にそうなるまで、いろいろ自分の感覚を工夫して、楽しんで練習していってください。どんなときでも、それを楽しめる人こそ、一流になれる資格があります。

[3] ゴールキーパーの1歩目の感覚

ゴールキーパーにとって大切な1歩目の感覚

> **Q** セービングなどでジャンプしてボールにアプローチする際、ボールに遠い方の足と近い方の足のどちらを1歩目と感じますか。また、どちらを1歩目と感じた方が速くボールにアプローチできるでしょうか。

この章のいちばん最初に伏せておいた質問に、答えましょう。楢崎選手は、ボールに近い方の足を1歩目と感じるそうです。つまり、ボールに近い側の足にさっと体幹を移動させて、その足を外旋させ、体重をかけて、その足を起点にして跳ぶという動作です。シュートにいかに速く、そして最短距離でアプローチするかという点から見ると、遠い方に体重をいったん戻して、その足で力んで地面を蹴って跳ぶのでは遅れてしまいます。近い方の足が1歩目だからすばやく反応できるのです。

このことは非常に感覚的な話ですので、それぞれの選手によって感じ方も、表現のしかたも、多少異なることでしょう。しかし、このわずかな感覚の違いが、シュートを止めることができるか、できないかにかかわってくるのです（写真3-12）。

写真3-12　1歩目の感覚

⑤ セービング

［1］ セービングは押す動作

Q セービングは「押す動作」でしょうか、それとも「引く動作」でしょうか。どちらの動きの方がからだがすばやく反応できるでしょうか。また、セービングに限らず、ゴールキーパーのさまざまな動きは、押す動作の方がいいのでしょうか、それとも引く動作の方が有効なのでしょうか。

　答えは押す動作です。ゴールキーパーの動きも押す動作なのです（写真3-13、3-14）。時と場合にもよりますが、打たれたシュートに対して、自分の立っている位置より、後ろでボールを捉えるか前で捉えるかで、ボールに対してのアプローチの距離が大きく違ってきます。もちろん前で触った方が距離は短くなります。前項にあったように、前に出ることは結果的にシュートコースを狭めることにつながります。

　股関節と上腕を外旋させた側に軸ができ、体幹が誘導されることは、みなさんもうからだで感じたことと思います。ボールに近い側の股関節、上腕を外旋させることによって、自然とからだはその方向に動いていきます。

　わが国で世界屈指ともいえる競技、相撲の動きこそ体肢の外旋力を巧みに使った動きといえるでしょう。力士は股関節、上腕を外旋させ、すさまじい衝撃を受けながらも前進します。股関節が内旋（内股）している力士など見たことがありません。脇を絶えず締める訓練もしています。脇があくということは、上腕が内

写真 3-13　引く動作のセービング

写真 3-14　押す動作のセービング

旋することを意味します。力士が教えてくれるように、体肢の外旋で動きを導くことは、言葉でこそ語りませんが、種目を問わず世界一流選手のからだの常識なのです。

　ゴールキーパーも手足の末端だけに頼った動きではなく、股関節や上腕の外旋を有効に使って、「押す」あるいは「押し出す」という感覚を用いて動きます。この方がすばやくからだが動き、それが相手にとって大きな壁になるのです。外旋運動は「引く」という感覚ではなく「押す」、「押し出す」という感覚なのです。

[2] 遠くに跳ぶ？　早くボールに触る？

　著者がある高校のゴールキーパーを指導していたとき、「跳ぶ方向の側の足に

まず体重をかけ、その足を1歩目と感じた方がより早くボールに触れるぞ」と選手にいいました。すると、「そうすると遠くに跳べません。体重をボールから遠い方の足にかけて、その足で強く地面を蹴らないと遠くには跳べません」という言葉が返ってきました。どうやら彼は遠くに跳ぶことができればどんなボールでも阻止できると考えていたようです。

　ここでみなさんも考えてみてください。ストライカーがどんなシュートを打ってくるか想像もつきません。脇の下を狙ってくる場合もあれば、ゴールキーパーのいちばんの泣きどころともいわれる頭の少し上など、どんなボールに対しても瞬時に反応しなければなりません。そこにはもはや考える余裕などありません。ロングシュートならば多少の余裕はあるかもしれませんが、ほとんどの場面は瞬時に反応しなければなりません。

　このように考えると、遠くに跳ぶという感覚よりも、早くボールに触るという感覚の方が適していることがわかると思います。実際には、遠くに跳ばないとボールに届かないのですが、感覚としては、ボールに早く触る方がうまくいきます。まず、ボールに近い方の足に体重をかけるという感覚が出てくると、自分では遠くに跳ぶという感覚はなくても、遠くに跳んでボールに触ることができるようになります。

　動作を行うときの意識や感覚と、実際の動作はずれている（主観と客観のずれ）ことがあることを知っておきましょう。

[3] ハイボール

> **Q** 身長190cmのフォワードの選手が目の前にいます。その選手がジャンプをすると、あなたが上へと伸ばした手のところまで頭がくるとします。さてあなたならどうしますか。
> ①競るのをやめてシュートに備える。
> ②キャッチにいく。
> ③パンチングにいく。
> ④はじめはキャッチにいく。

　一流のゴールキーパーに共通する特徴の一つに、ハイボールに強いということがあります。相手のクロスボールやコーナーキックをゴールキーパーが確実にキャッチしてくれたら、フィールドプレーヤーはどれだけ楽でしょうか。

　では、一流のゴールキーパーはどうような感覚でハイボールを把握し、対応しているのでしょうか。まず、空中でバランスを崩さないことがハイボールに強くなる条件の一つです。次に、相手より先に跳んで、空中で待てるということがあります。

　一流のゴールキーパーは多少バランスを崩すことはあっても、大きく崩すことはありません。空中でのからだの使い方は地上とは多少違ってきますが、さほど

写真 3-15 ハイボールを競う楢崎選手

(写真：PHOTO KISHIMOTO)

大きな違いはありません。ではその空中で負けないからだの使い方について考えてみましょう。

空中で負けないためには

楢崎選手の言葉を引用しましょう。

「まず、蹴られたボールの質を見分けなければなりません。ふわっとしたボールなのか、ニアに鋭く入ってくるボールなのか。そして飛んできたボールにジャンプしていくのですが、いちばんいいプレーがキャッチです。しかし、ゴールキーパーの手の位置まで頭がくるくらい驚異的なジャンプ力を備えたフォワードの選手もいます。そういうときはとっさにパンチングに切り替えます。ここの判断が大切なのです。ゴールキーパーは、大きいフォワードの選手がいても手を使えるという絶対的に有利な条件があります。そのことに強い自信を持って対応することがとても重要です。そして一度飛び出したなら、必ずボールに触る（ゴールから遠ざける）ことです」。

このような強い気持ちを持って、楢崎選手はいつもハイボールに臨んでいるのです。

▶日本代表ゴールキーパー　楢崎正剛 選手に聞く◀
昔も今も変わらないこと、それは基本

レベルは違ってもやることは変わらない

Q　Jリーグと国際試合とでは違いはあるのですか？

楢崎　Jリーグと国際試合は、確かにスピードや判断の速さが違います。世界の一流チームとの国際試合では、スルーパスが一つ早いタイミングで出てきたり、シュートする選手の足の振りの速さが違ったりするので、こちら（ゴールキーパー）も判断を速くしなければなりません。しかしプレーが、ガラリと変わるのかというと、そうではなく、判断が速いか遅いか、あるいは余裕があるかないか、そういう部分が違ってきます。ですから、Jリーグであろうが、国際試合であろうがやることは変わらないのです。

体格の差は考え方次第でいくらでも補える

Q　海外のゴールキーパーに比べて体格的には劣ることを日本のゴールキーパーは克服できるのでしょうか？

楢崎　ゴールキーパーにとって体格の大きさは不可欠です。世界に比べて、高さがやや劣る日本のゴールキーパーでも、「考える」という力で対抗すれば、いくらでもその体格の差は補えると思います。たとえば、「試合の運び方」、「ボールの動かし方」、「判断の速さ、的確さ」、そして身長が低くても、「からだの強さ」や「からだの入れ方」は、鍛えればいくらでもレベルアップできます。

　「試合の運び方」なら、ボールを自分のチームがキープしているときに、必ずシュートを打って終わるようにすれば、カウンターを食らわずにすみます。ボールを悪い状態で奪われると、失点につながる可能性が高くなりますから、それを回避するためによい状態で攻撃を終えることは重要です。また、試合中の流れで、相手側に勢いを感じたら、自分がボールを保持して時間を稼ぎ、流れを切ったりもします。

　こういった「ボールの動かし方」、「ゲームの動かし方」を身につければ、体格の差は補うことができます。たとえ小さくても相手と当たったときのからだの強さ（相手に近い側の足を踏み込んで膝を抜いて、地面反力を相手に伝えるボディーコンタクト）、相手に仕事をさせないようにうまくからだを入れたりすることで、十分に対等に闘えるのです。こういったことをもっと強化できれば、世界でも十分に闘うことができます。

　体格の差を問題にしない。これがサッカーの奥深いところです。小柄でも、身体能力が劣っていても決して負けない。ここが面白いところなのです。

正面で受けるのが基本

Q　中高生のときはどんなことを心がけて練習していたのですか？

楢崎　ゴールキーパーの基本は「正面で受ける」ことです。これはサッカーの基本練習を徹底して行った高校時代も、プロになった今でも変わりません。正面でボールを受けるためには、厳しい体勢からも、なんとか足を運んでいかなければなりません。その足を運ぶ、ステップワークを反復し練習することがすべてのプレーで活きてきます。

自分の間合いに引き込み、できるだけ前でボールに触る

Q　ボールをセービングしにいくとき、相手との間合いは、相手のスピードや自分との距離などから判断しているのでしょうか？　その判断力を養うためには日頃どのような練習をしているのでしょうか？

楢崎　相手のスピード、距離を考えた上でポジショニングをとることが大切です。そこで、相手をいかに自分の間合いに引き込むかが鍵になります。そのためには日頃の練習で、自分の間合い、距離感というものを常に意識してやることが肝心です。ただセービングをするだけではなく、「どの位置に来たボール」、「どのスピードまで」なら反応できて止めることができるかということです。

■一流の選手は種目を問わず、自分の間合いに、あるいは自分のペースに相手を誘い込みます。それは自然とそうなっているようでもあり、そうしているようでもあります。まさに感覚の世界です。ゴールキーパーにもやはり、「打たれる」のではなく、「打たせる」という自分の間合いの中でプレーさせる感覚があるのです。

Q　キャッチできないシュートに対してはどのような感覚で対応するのですか？

楢崎　シュートに対して、できるだけ前で触るように心がけます。それは前に出るということでもあり、逆に平行気味（真横）にボールを触りにいくことは、移動距離が長くなり損をしているのです（写真3-13、3-14参照）。

　ですからいつでも前でボールを捉えることを心がけています。外から見ている人には遠くに跳ぶ一見華やかなプレーに見えることもありますが、あくまで跳ぶことは結果であって、まずは打たれたシュートに対して最短距離で触りにいく感覚でやっています。

　「引く動作」より「押す動作」の方が、大きい力を発揮でき、速く動けます。そう考えれば、飛んでくるボールに対して真横に跳ぶのは引いており、やや斜め前に跳んでいく動作が押している動作です。ゴールキーパーのセービングにおいても「押す動作」の方が、よりからだが速く、そして、無駄なく動けます。

強い気持ちを持って、柔軟に状況を判断する

Q　ハイボール（空中）のときはどのようなことに気をつけていますか？　試合中、ジャンプしたときの手の位置まで、頭がくるフォワードの選手はいましたか？

楢崎　まずゴールキーパーは手を使えるという有利さを持っています。ですからどんなに大きなフォワードの選手に対しても、まずは負けない気持ちがいちばん大事です。日本代表の試合で対戦したチェコ代表のコラー選手は身長が204cmあり、さすがに他のフォワードの選手とは違った空中戦の強さがありました。頭がジャンプした手の位置ぐらいまでくると思います。しかしそんなときでも、ボールをキャッチしにいくという強い姿勢は変わりません。たとえ、体勢を崩してキャッチできなくても、パンチングでゴールから遠ざけることができます。ですからまずは、どんな大きなフォワードの選手に対しても「負けない」という強い気持ちが大切です。

Q　空間把握能力を養うためにはどういったことを心がければいいのでしょうか？

楢崎　コーナーキックやクロスボールがゴールエリア付近に入ってきたときは、相手や味方のポジションがどうなっているかということを瞬時に確認します。そして自分が「出る」のか「出ない」のかという判断を速くして、「出る」と決めたら必ずボールに触らなければいけません。

　ボールをキャッチするのが基本ですが、空中戦では相手との接触で体勢が崩れることもあるし、ボールに触れるか触れないかギリギリの場面も生じます。このような場合にはパンチングに変えることもあります。ですからキャッチかパンチングかを、はじめから決めつけることはしません。しかし基本は、ボールの落下点を瞬時に判断し、ジャンプした最高到達点でキャッチするということです。それには何度も何度も反復練習し、自分にとっていちばんいい空間の感覚をつかむことです。

　また、自分の都合ではなく、ボールの都合に合わせて動くことが大切です。それはとっさにプレーを変更できるということを意味します。相手がボールに絡んでくれば、なおさら速い判断が必要になってきます。ですからはじめから「こうしよう」と決めつけてプレーするのではなく、状況に応じて柔軟に判断し、プレーすることです。

ペナルティキックではキッカーのからだ全体を見て動く

Q　ペナルティキックのときは相手の走るコースや、軸足、膝、腰、腕、目などを見て動く方向を決めるのでしょうか？

楢崎　ペナルティキックはキッカーのからだ全体を見て判断します。今まで培った経験の中で、走るコースや、足の振り、からだの向きなどを全体で捉え、そして動く方向を決めるのです。それは決して勘ではなく、自分の経験からくる確率的なものかもしれません。ですから、ペナルティキックにはそんなに「こうしないといけない」というこだわりはありません。あまり神経質にならず、ただ相手の全体を見て動く。ですからそうたいした問題とは捉えていません。

■全体を見るということは、からだの一部の偽りの動きに惑わされないということです。ある意味で、武道的な目付けです。宮本武蔵の『五輪書』には「遠山の目付け」とあります。一つのことにこだわって凝視するから、すばやい対処ができない。遠い山を見るように、全体を目という感覚器官で感じ捉えれば、真実の動きがわかる。まさしく楢崎選手は武道的な目をもった選手です。

試合に集中し、安定したプレーを持続すること

Q 試合中、集中できないときはどのように対処しますか？ シュートを打ってくるフォワードの選手に対してどういうことを心がけていますか？

楢崎 試合中、誰でもミスはします。ミスが許されないゴールキーパーでもミスは犯します。プロになりたての頃はミスをしたことが、次のプレーに影響するようなこともありました。しかし、いろいろな経験を積むなかで、ミスをした後のプレーが大事であること、そして、自分以外の人に弱さを見せないということを肝に銘じて、克服してきました。それは試合中、相手のフォワードの選手に対しても隙を見せないということにつながります。

シュートを打つ選手にとってシュートコースがまるでないようなポジション取りをすれば、逆にプレッシャーを与えることができます。そしてもう一歩前に出ることで、ますますシュートコースが狭まります。また、ゴールキーパーは集中力が不可欠なポジションです。

私は今までの経験の中で、集中できていないときは、常に「声を出す」ということをやってきました。どんな環境の中で試合が行われても、ゴールキーパーにとって「隙を見せない」、「集中する」ことは鉄則です。

Q いいゴールキーパーとはどんなゴールキーパーなのでしょうか？

楢崎 ゴールキーパーにとって、安定しているということは最も重要なことです。調子がいいときもあれば、悪いときもありますが、そうしたなかで安定したパフォーマンスを持続できることが、いいゴールキーパーの一つの基準ではないでしょうか。

たとえば、ハイボールを確実にキャッチすることや、味方の選手に対して的確な指示を出せること、なおかつ自分でもいつも的確なポジションがとれること――このようなことを地道に、確実に行っていくことが、安定したパフォーマンスを持続させることにつながるのです。

1試合だけ調子がよくても、ゴールキーパーとしては評価されません。毎試合、90分の中で決して派手ではなく、むしろ地味かもしれませんが、安定したプレーを持続できるゴールキーパーが、いいゴールキーパーなのです。

（協力：名古屋グランパスエイト）

■ゴールキーパーを目指す選手へ■

今の自分を支えているものは今まで積み重ねてきたものです。その中に「基本を大切にする」ということがあります。ここまで述べてきたことは、どれも大事な基本です。ゴールキーパーは、試合でボールに触ることはさほど多くはありませんが、その中でいかに安定したプレーをできるかが大事です。そのためにも基本練習を反復しなければなりません。基本練習やキック練習を繰り返してつかんだもの、それが自分のプレーをしっかりと支えてくれます。

（楢崎正剛）

第4章

サッカー選手はフィジカルを
どう考えるべきか

1 自己管理
2 知っておきたいからだの仕組みと成り立ち
3 サッカーの競技特性とからだの適応

◆コラム
4-1 暑いところ寒いところで

第4章　サッカー選手はフィジカルをどう考えるべきか

みなさんはサッカー選手になる過程において、フィジカルの必要性・重要性についてどのように考えていますか。日本代表レベルの選手ですら、外国へ行ってフィジカルの重要性を痛感する選手が今でもいます。そのほとんどは、小さいときからテクニシャンと呼ばれて育った選手です。

サッカーでは、90分間のゲームの中で、一人の選手がボールに触れている時間は、長い選手でも2～3分間程度でしかありません。大部分の時間帯はボールのない状態でのプレーになるわけです。つまり、ボールに触れる前のプレーや、ボールに触れている選手をサポートするプレーが重要になります。

ボールに関与するプレーを光り輝かせるのは、速く走ること、走る方向を変える動作、ボールに寄ってキックを行いすぐさま別のポジションへ動き出す動作、ボールをもらうための動き出しの動作、ヘディングするための高いジャンプ、相手との接触で負けない姿勢、2～5mの距離をすばやく動く動作、30mの加速走での動き、そしてこれらの連続動作を維持するスタミナです。

本章では、①自己の管理、②からだのしくみ、③運動や環境に対する適応能について解説し、みなさんが将来サッカー選手となるためには、フィジカルをどのように理解していくことがよいのかについて考えることにしましょう。

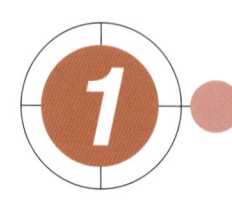

1　自己管理

自己管理の習慣を身につける

ヨーロッパでは、「サッカーは子どもを大人にし、大人を紳士にする」スポーツであるといわれます。つまり、サッカーというチームスポーツを通して、人間形成がなされるいうわけです。テクニックがあればサッカーを楽しむことはできますが、サッカー選手になるには、幅広い人間性が養われなければなりません。それは、待っていても誰も教えてはくれません。チームスポーツの中で失敗と成功を繰り返しながら、常に集団の中での自分を見つめ、体得していかなければなりません。

もう一つ忘れてはならないことがあります。それは、サッカーを離れたところでの生活態度です。サッカー選手になるためには、ふだんから自己管理に気をつかう習慣を身につけることが重要なこととなります。

「15歳でパーフェクトスキル」とよくいわれますが、そこから何を経験し、身につけていくことが、あなたを大人に、そして紳士へと成長させるのでしょうか。一緒に考えていきましょう。

[1] 記録から客観的な判断を導き出す

セルフチェック

> **Q** あなたは、どのくらいの割合で体重の測定をしていますか？
> ①月に1回程度。
> ②毎週1回は測定している。
> ③毎日決まった時間に測定している。

　上の質問で③と答えた人は、サッカー選手になれる素質があります。なぜならば、自分のからだを自分で管理しているからです。記録をとっておくとさらにいいですね。体重の変化からはさまざまな情報が得られます。

　運動前後の体重の変化は、主にからだの水分の喪失を意味しますし、連日の練習などで体重が継続的に減少するようならば、慢性脱水が考えられます。反対に、体重の増加は、筋肉量や脂肪量の増加あるいはからだの水分の増加などが考えられます。

　このように、正しい知識のもとに体重を管理していくことは、サッカー選手として当たり前のことといえます。

定期的な体力・運動能力（スキル）テストは何を測っているのか

　高校生以上の人なら、一度はクーパー走や12分間走といった体力テストを経験していると思いますが、あなたは、テストを受ける際に、何を目的にしたものなのかを理解してテストに参加していましたか。目的も理解せずにテストを受けると、そのデータもあやふやなものになってしまいます。

　これらは持久性の能力を測るテストであり、サッカーにおいては重要な体力要素の一つです。サッカーでは、12分間に3200mの距離を走れることが一つの目安となります。これまでのデータを見ると、中盤の選手なら3200〜3600mは走れるようですが、バックスだと3000〜3200m程度の選手が多いようです。

　一方、サイドの選手なら30m程度の距離を往復する力、フォワードのようにスピードを要求されるポジションではまた別の体力要素が要求されることは理解できると思います。

　このように、客観的なデータとして捉えることのできるテストを定期的に行うことはよいことです。それは、このテストによって、自分自身で客観的に現在のコンディションを把握することができ、まわりとの比較もできるからです。

記録を残しておくこと

　あなたは、体力テストや運動能力の測定結果を大切に記録・保管していますか。自分の測定結果を記録しておくことは選手にとって大切なことです。体力や運動能力の測定結果は、客観的な指標として見ることができます。つまり、自分自身の変化を客観的に見つめることは、自己管理をする上でのとても有効な情報とな

ります。たとえば、自分の劣っているところがわかれば、次の練習では自分自身の課題に合ったものに取り組むことができます。

こうしたデータの解析は、今日ではフィジカルコーチの仕事の一つになっていますが、ただコーチや監督に指示された練習をこなすだけでは、よいサッカー選手にはなれません。さらに自分なりの練習課題を見つけられることが重要です。自分で問題点を見つけ、自らその解決策を考えることができる能力は、よいサッカー選手を目指すならば欠くことのできない大切なものです。

[2] 食事と睡眠の重要性

食　　事

よいサッカー選手になるためには、練習以外のところでも自分のからだに気をつかうことが必要です。からだをつくっていく上で重要なことは、トレーニングとその後の食事、そして睡眠です。食事については、好き嫌いのないことが大切です。

みなさんは朝食をしっかりととっていますか。朝食は眠っていたからだを起こすという意味でも重要な意味を持っています。つまり、自律神経系[*1]に刺激を与えて活性化させるということです。よく噛むということは、顎の筋肉を動かすことであり、自律神経系を活発化させるという意味では脳への有効な刺激となります。もう一つ大切なことは練習前後の食事のとり方です。少なくとも練習の2時間前には食事をとるようにしましょう。どうしてもそれができないときは、消化のよいものや軽食（サンドイッチやうどんなど）をとるようにします。

それでは、練習の後はどうでしょうか。トレーニングを終えた後、少なくとも30分以内に、試合やトレーニングで傷んだ筋肉を回復させるために必要な栄養を摂取することが重要です。つまり、トレーニングによって消耗したさまざまな物質を補う必要があります。とくに筋肉系には、タンパク質やカルシウムなどの多い食品が重要です。練習が終わった後に、喫茶店でジュースやコーヒーを飲みながら長時間過ごしていると、からだの中で回復のための作業が滞るばかりか、筋肉がトレーニングによる効果を得る機会を失ってしまいます。

睡　　眠

睡眠はしっかりととるようにしましょう。睡眠には、からだと脳を休める意味があり、うまく次の日に疲労を残さないように工夫する必要があります。

からだは疲れているのに、頭だけ冴えて眠れないといった経験があると思います。明日試合があり、そのことがどうしても気になって、脳が興奮しているために眠れないというような場合です。こうしたときには、あまり熱くないお風呂に入ることで、脳をリラックスさせる方法もあります。

また、横になるということは、からだ全体が心臓と同じ高さに位置することになりますので、循環系においては重力の影響による負担が軽減されることになり

[*1] 自律神経系
内臓諸器官等に働きかけ、呼吸・循環をはじめ、消化や吸収、発汗などの生命維持にかかわる機能を制御して、自動的にからだを調節する神経系。交感神経と副交感神経とに分けられる。

ます。脚が疲れたときなどに、座布団などを脚の下に敷いて寝ると楽になることがありますが、これは重力の影響を利用して血液の循環をよくするものといえます。この原理を応用して、練習時の休憩のときに、壁などを利用して脚を高くして休むと、脚の疲労回復にも有効です。

重要なことは、いかに疲労を回復するかです。疲労には脳（中枢）の疲労とからだ（末梢）の疲労がありますが、これらをいかにリフレッシュできるかが大切であり、自己管理として重要なものです。

自分のからだを自分で管理するためにも、食事と睡眠には十分に気をつかう必要があります。

2 知っておきたいからだの仕組みと成り立ち

[1] 発達段階に合ったトレーニングを行うこと

子どもは大人のミニチュアではありません。からだは、成人に至るまで発育・発達をし続けます。知っておきたいことは、まず自分は人間の発育・発達の過程の中でどの時期にあるのかということです。それがわかると、今何をすべきなのかということが見えてきます。また、サッカーをするということは、からだにふだんの安静状態以上の負担をかけることになります。こうした運動に適応させようとしているからだの仕組みを知ることは、トレーニングを安全に効率的に行うことに役立ちます。

発育・発達の落とし穴

子どものからだは、大人の完成されたからだになるまで、めまぐるしく発育・発達していきます。こうしたなかで、長育（身長、骨など）と幅育（体重、筋肉など）のバランスが崩れて、プレーがうまくできなくなる時期が存在するということを覚えておきましょう。男子ではおおよそ13歳から15歳までの間、女子ではもう少し早く現れます。これは、骨などの長育の速度に筋肉などの幅育が追いつけないために起こります。こんなときは焦らずに自分の中で起こっていることを理解しましょう。

[2] からだはどうなっているのか

心臓は何をしてくれているか

われわれはさまざまなからだの応答を測ることができます。その一つに心拍あるいは脈拍の応答があります。これは心臓が各組織に血液を送り出しているから

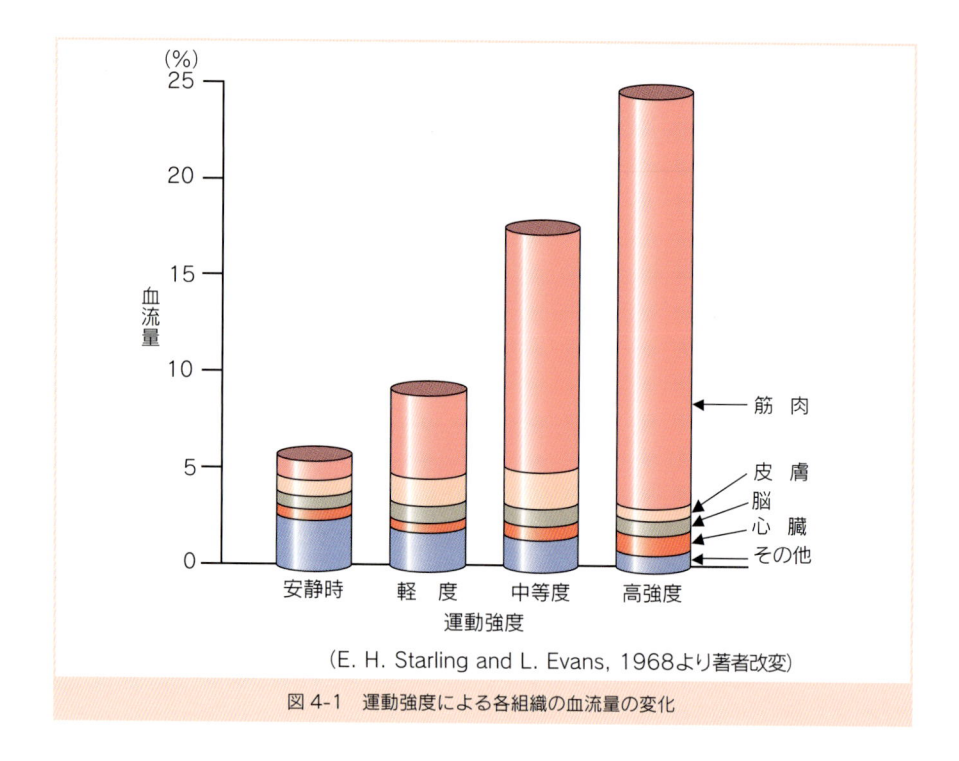

図4-1 運動強度による各組織の血流量の変化
（E. H. Starling and L. Evans, 1968より著者改変）

であり、運動時にはその運動強度に応じて、筋肉や皮膚へ送り出す血液の量（血流量）は増加します（図4-1）。一流の選手は、1回心拍出量が一般の人よりも多くなります。心臓はよく血液を送り出すポンプにたとえられますが、重要なことは「どれだけ血液が心臓へ還ってきたか」ということです。これが送り出す血液の量に影響を及ぼします。

ですから、疲れたときなどに脚を心臓の高さより高い位置に置いて休むことは、重力を利用して血液を心臓へ早く還すことにつながります。また、脚の筋肉量はたいへん多いので軽い歩行やジョギングなどを行うと、リズミカルな筋の収縮により血液を心臓へ還すことの助けになります。これを「筋肉ポンプ作用」といいます。これがクーリングダウンが必要とされる理由の一つです。

Q 全力で40mスプリントやジグザグドリブルをしているときの心拍応答は、安静時の何倍くらいになっているのでしょうか？
① 1.5倍くらい
② 2倍くらい
③ 3倍以上

1分間あたりに心臓が何回収縮したかを測った数値が一般に心拍数として表されることはご存じでしょう。心拍数は、安静時では40〜60拍ぐらいですが、運動時には最大で180〜200拍にまで増加します。ただし、この数値には個人差があり、また、年齢によっても異なります。

図4-2は試合中の心拍応答を示したものですが、最高で180拍／分を超える

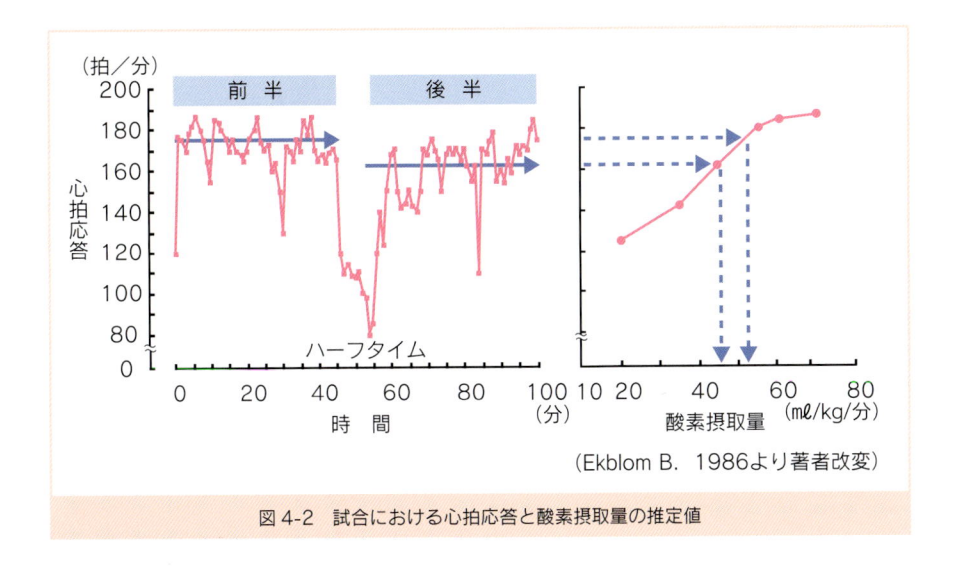

図 4-2　試合における心拍応答と酸素摂取量の推定値
(Ekblom B. 1986より著者改変)

数値を示しているのがわかります。

筋肉・骨格筋の話

巧みなドリブルや強烈なシュートを生み出す根本は、あなたのからだの骨格についている筋肉が巧みに協調し合い、収縮をしてくれた結果起こる現象です。筋肉の収縮なくして動作は生まれません。ここでは筋肉について少し考えてみましょう。

> **Q** 私たちのからだには、何種類の骨格筋があるでしょうか？
> ① 100 種類
> ② 200 種類
> ③ 300 種類

私たちのからだには約 300 種類の骨格筋が対になって存在します。そして、それぞれが調節されて巧みな動作、プレーが生まれるのです。骨格筋の数はあなたもロナウジーニョ選手も差はないはずです。

筋肉（骨格筋）のタイプと特徴

骨格筋は、大きく二つに分けられます。それは、短時間に大きな力を発揮することができる「速筋（白筋）」(FT：fast twitch fiber) と、大きな力は発揮できないものの持久性に優れている「遅筋（赤筋）」(ST：slow twitch fiber) です。そして、トレーニングによりその特性が変化する「中間筋」(FTa-fiber) の存在も確かめられています。図 4-3 はサッカーのエリート選手とノンエリート選手および陸上長距離選手の腓腹筋の筋線維タイプの割合を示したものです。サッカー選手の特徴としては、エリート選手になると中間筋 (FTa-fiber) が発達しているということがいえます。サッカーという競技の特性を知り、あなたのポジシ

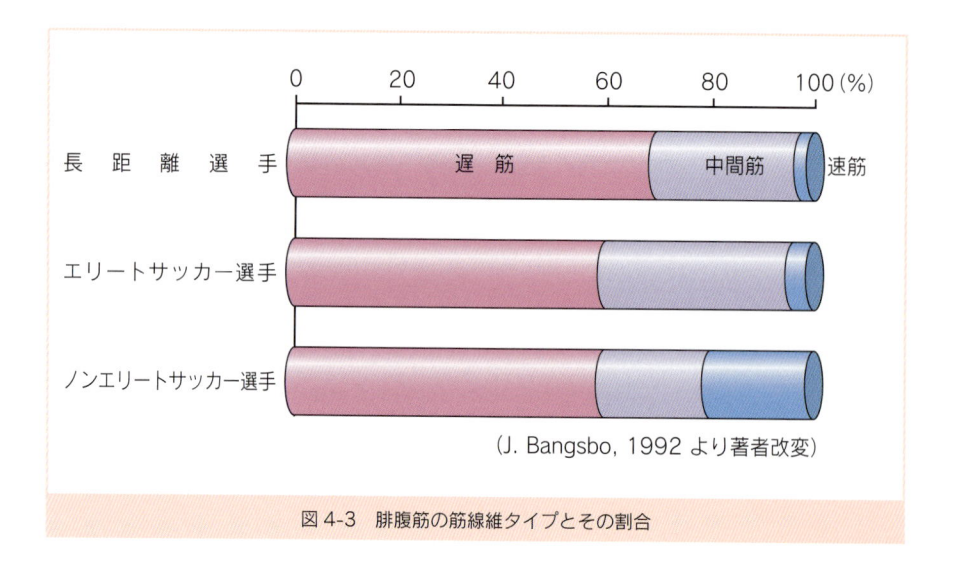

図4-3 腓腹筋の筋線維タイプとその割合

ョンで要求されるプレーがわかれば、それに合ったトレーニングを考えることが可能になります。

　骨格筋は非常に正直で、ふだん以上の刺激が加わると、それに適応しようとします（過負荷の原則）。まずはじめは、神経系の適応により、その動作に使われる筋線維の動員数が増加します。さらに、トレーニングを継続すると、約10週間でやっと筋線維の肥大が起こります。ですから、10週間以内でトレーニングを終了すると、一夜漬けの勉強と同じようにその効果はすぐに元に戻ってしまいます。

ウエイトトレーニングは器具を使うこと？

　器具を用いたトレーニングも悪くはありませんが、器具にからだを合わせてい

写真4-1　器具を用いたウエイトトレーニング

ることを忘れないようにしてください。自分の目的をよく考えて器具を選択し、プログラムを組む必要があります。器具にはメリットもあればデメリットもあります。

　以前、あるJリーグ関係者に「ブラジルの選手はあまり器具を使ったトレーニングをしないですね。だからウエイトトレーニングもそれほど重要視する必要はないのでは？」と問いかけられたことがあります。そこで「でもジャンピングヘッドなどの練習を繰り返ししていませんでしたか」と聞いたところ。「あぁ！100回ぐらい平気で続けていた！」。

　サッカーでは巧みなからだの使い方が要求されます。四肢の関節の回旋動作を意識したトレーニングが重要となります。器具を用いたトレーニングを否定はしませんが、サッカーのプレーを常に意識したトレーニングをすることが大切です。

乳酸はお尻で使い消去する？

　以前あるブラジルの選手から「乳酸はお尻で使うんだ」といわれました。当時の私はこのことが正直理解できませんでした。ただ、ブラジルの選手のような走り方ならばあり得るかという程度でした。

　その後、多くの一流サッカー選手を見るうちに気がついたことは、各選手とも足首、ふくらはぎの部位が細いこと、そして腰回り、お尻から太ももの後ろの部位が発達しているということです。こうした体型は、トレーニングの繰り返しと長年のプレースタイルの結果と見ることができます。本書の走りの項でも説明がありますが、二軸感覚での走行はふくらはぎへの負担が軽減され、代わってお尻から太ももの後ろの部位に負担がかかります。こうした走り方は大きな筋群である大殿筋あるいはハムストリングを活用できるものとなり、乳酸もふくらはぎよりは効率よく再利用あるいは酸化除去できるものと推測します。

体重の60％は水分

　私たちのからだは、およそ60〜80％が水分です。子どもはその割合が高く、歳を経るほどに減少します。しかし、からだの小さな子どもでは水分の絶対量が少ないので、多量の発汗や下痢などは、体温維持や生命の維持を危険にさらすことになります。コーチの方々は注意してください。

　からだの水分について、もう少し詳しく見てみましょう。図4-4に示したように、体内の水分のおよそ2/3は細胞内液として、残りの1/3は細胞外液として存在します。筋肉に酸素や栄養分を運んでいる血液の液状成分である血漿*2もこの細胞外液に含まれます。

　暑いときや運動中などに汗をかくことがありますが、この汗は実は血漿の水分が使われています。つまり、大量の汗をかくことは、血漿量の減少、つまり血液量の減少を促すことになります。よいパフォーマンスを維持しようとするならば、体液バランスを維持することが重要であることはおわかりですね。

*2　血　漿
　血液の約55％を占め、その組成は水分が約90％、タンパク質7〜8％、その他の微量成分からなる。からだの各組織に消化管で吸収した養分を運ぶとともに、組織で生じた二酸化炭素や代謝産物を肺や腎臓に運ぶ働きをしている。
　血液の成分としては、他に白血球、赤血球、血小板があり、これらの血球成分が血液の約45％を占める。
　なお、血液量はおよそ体重の1/13程度といわれる。

図 4-4　体液の組成

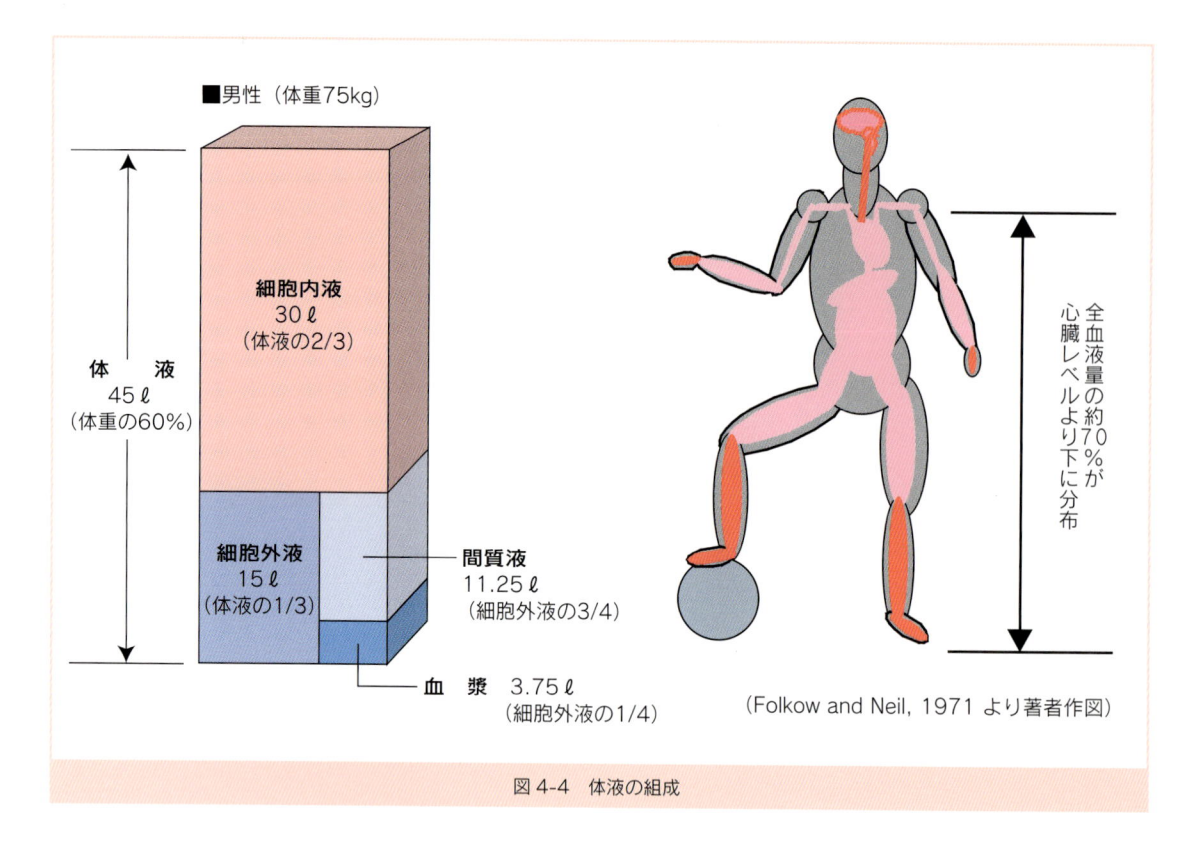

メンタルタフネス

　サッカーの試合において相手チームに先制点を奪われた、同点に追いつかれた、逆転された。こうした経験はみなさんあると思います。そのときチーム全体の精神面に影響を及ぼしているのは何でしょうか。一人ひとりの精神面がチーム全体に反映されているといえるのではないでしょうか。サッカーは90分間を通したチームどうしの戦いです。しかし、一人ひとりがその試合の流れを読み、今何をすべきかを考えることが要求されます。つまり、一人ひとりの精神面での強さが要求されるわけです。言い換えると、サッカーという競技はそうしたメンタルタフネスについても教えてくれる競技なのです。

　では何がメンタルに影響を与えるのでしょうか。さまざまな要因があげられると思いますが、ここでは疲労について考えてみましょう。

[3] 疲労とは何か

Q あなたにとって疲労とは、どこが疲れてくることですか？
①筋　肉
②中枢（脳）
③目

練習や試合では、筋肉の疲れが実感としてわかると思いますが、最終的には中枢（脳）が疲労してしまうとうまくプレーをすることがむずかしくなります。運動による筋肉の疲労や強い紫外線による目の疲労など、いわゆる末梢の疲労が中枢（脳）に伝わります。

　末梢の疲労を癒やすことも大切ですが、中枢の疲労をいかにリフレッシュさせるかということはより重要なこととなります。自分流のリフレッシュ法を考えておくとよいでしょう。慣れないリーグ戦を経験すると日を追うごとに中枢の疲労が蓄積されることがあります。

筋肉の疲労を回復させる

　筋肉の疲労を軽減させるためには、血液の循環を有効に利用することです。練習の合間やハーフタイム時などには、横になり（仰臥位）心臓の高さよりも脚を上げることによって重力の影響を利用して血液を心臓に戻すことが有効です。さらに、マッサージを加えるならば、末梢（心臓より遠い方）から中枢へのマッサージを行うとさらに効果的でしょう。

　また、練習後の水中での運動も有効です。つまり、胸郭（胸のあたり）部位まで入水すると、からだには水圧（陽圧）が加わり末梢の血液が心臓へ還ってくるので、循環がよくなります。さらに、外気温と同じ水温であれば熱の放散の効率もよくなります。

中枢の疲労を回復させる

　先にも述べましたが、睡眠には、からだを休める意味と脳を休める意味があります。昼間や運動時は交感神経優位になっていますが、からだを休めるためには、副交感神経優位にからだをもっていく必要があります。ぬるま湯程度のお風呂でリラックスする、あるいは少しサッカーと離れてみるなどさまざまなアイデアでリラックスする環境を考えてみましょう。

3 サッカーの競技特性とからだの適応

[1] サッカーで要求される走力

サッカーの競技特性

　サッカーでは、走ることが重視されます。とくに持久性の運動能力が注目されます。スポーツにおいて大切なことは、まずその競技の特性を理解するということです。サッカーでは持久的運動能は重要ですが、かといってマラソンランナー並のものが必要とされるわけではありません。また、足が速いにこしたことはあ

りませんが、100mを9秒台で走るサッカー選手を見たこともありません。サッカーでは11秒台だったら十分快速といわれます。しかし、陸上競技では、10秒後半の記録では世界レベルの選手とはいえません。このようにそれぞれの競技の特性により要求される運動能力のレベルも異なります。

　ここでは、サッカーの競技特性ならびに運動時のからだの適応能について考えてみましょう。みなさんが日頃のトレーニングの意味を理解して練習に参加すれば、そのトレーニングの効果は何倍にもなって自分に返ってくることでしょう。重要なポイントは、ただ体力をつけるのではなく、チームが目指すサッカーに必要とされる体力があればよいということです。

サッカーの試合ではどのくらい走るのか？

Q サッカーの試合では、選手は1試合でどのくらいの距離を走っているのでしょうか？
① 5000m
② 9000m
③ 15000m

　サッカーでは、90分の試合でおおよそ9000mもの距離を走っているといわれます。1980年代までは1試合あたり9000〜12000m（Reilly T. and Thomas V., 1976）でしたが、サッカーのスタイルがよりコンパクトなプレッ

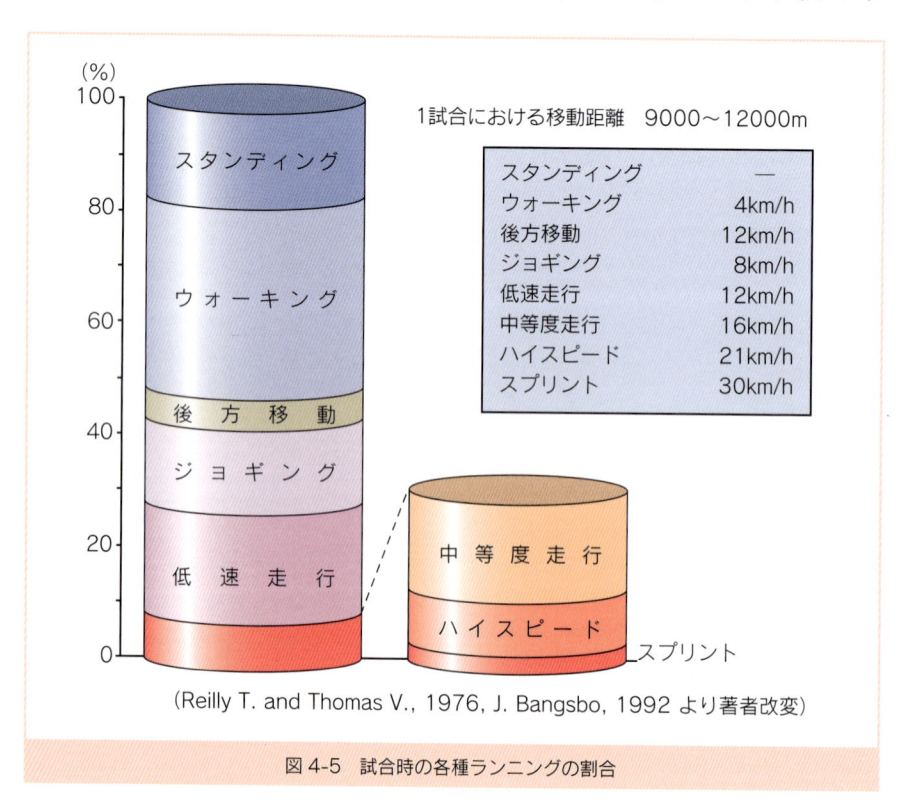

1試合における移動距離	9000〜12000m
スタンディング	—
ウォーキング	4km/h
後方移動	12km/h
ジョギング	8km/h
低速走行	12km/h
中等度走行	16km/h
ハイスピード	21km/h
スプリント	30km/h

(Reilly T. and Thomas V., 1976, J. Bangsbo, 1992 より著者改変)

図4-5　試合時の各種ランニングの割合

シングスタイルになったために、距離は短縮される傾向にあり、逆に短時間のスプリント的なプレーの割合は増えています。

図4-5は試合におけるランニングスピードの割合を示したものです。トップスピードで走る割合は全体としてわずかなのがわかります。サッカーではスプリントで走る距離は長いときは30～40m程度になります。こうした距離では加速走であり、全力で走るのは5～10m程度でしょう。

次に、こうした激しいプレーを行っているときのからだの中を考えてみましょう。

[2] 体温調節と発汗

運動や環境に対するからだの適応

私たちのからだは、環境や運動といったストレスに対して常にからだを一定に保持しようとしています。これをホメオスタシスといいます。また、環境の変化や定期的な刺激に対しても適応しようとします。つまりトレーニングとは、繰り返しの練習刺激に対してからだを適応させることといえます。言い換えると、こうした適応がうまくなされないと、パフォーマンスを維持することは困難になるわけです。こうしたからだの適応能を知ることによって、トレーニングの目的をはっきりとさせることができるようになります。

血液と体温調節の関係

私たちのからだにはさまざまな制限因子があり、からだを守ってくれています。そのうちの一つで、とても大切なものに体温調節があります。中枢すなわち脳の温度が高温になるということはたいへん危険な状態です。このようにならないためにからだには体温を調節する機能が備わっていて、体温はふつう36～37度程度に維持されています。

運動時にはその体温が39度を超えてしまうこともあります。そうなると中枢は運動を停止するように指令を出しますが、それを無視して無理に運動を継続すると熱中症に陥り生命が危険にさらされるようになります。体温調節の仕組みについて理解しておくことは、安全を確保することにもつながりますし、パフォーマンスの維持にもつながります。

なぜ汗をかくのか

暑いときや運動時に汗をかくのはなぜでしょうか。運動を開始して、しばらくするとからだがポカポカと暖かくなりますが、これは運動による筋収縮で産生された熱が血液に伝わることによって体温が上昇するからです（図4-6）。運動時にはある程度体温を上げることが必要ですが、必要以上に体温が上昇すると、たいへん危険な状態となります。

熱を体外に放散する手段としては、図4-6に示したように、涼しい場所へと

図4-6 体温調節と発汗——なぜ汗をかくのか

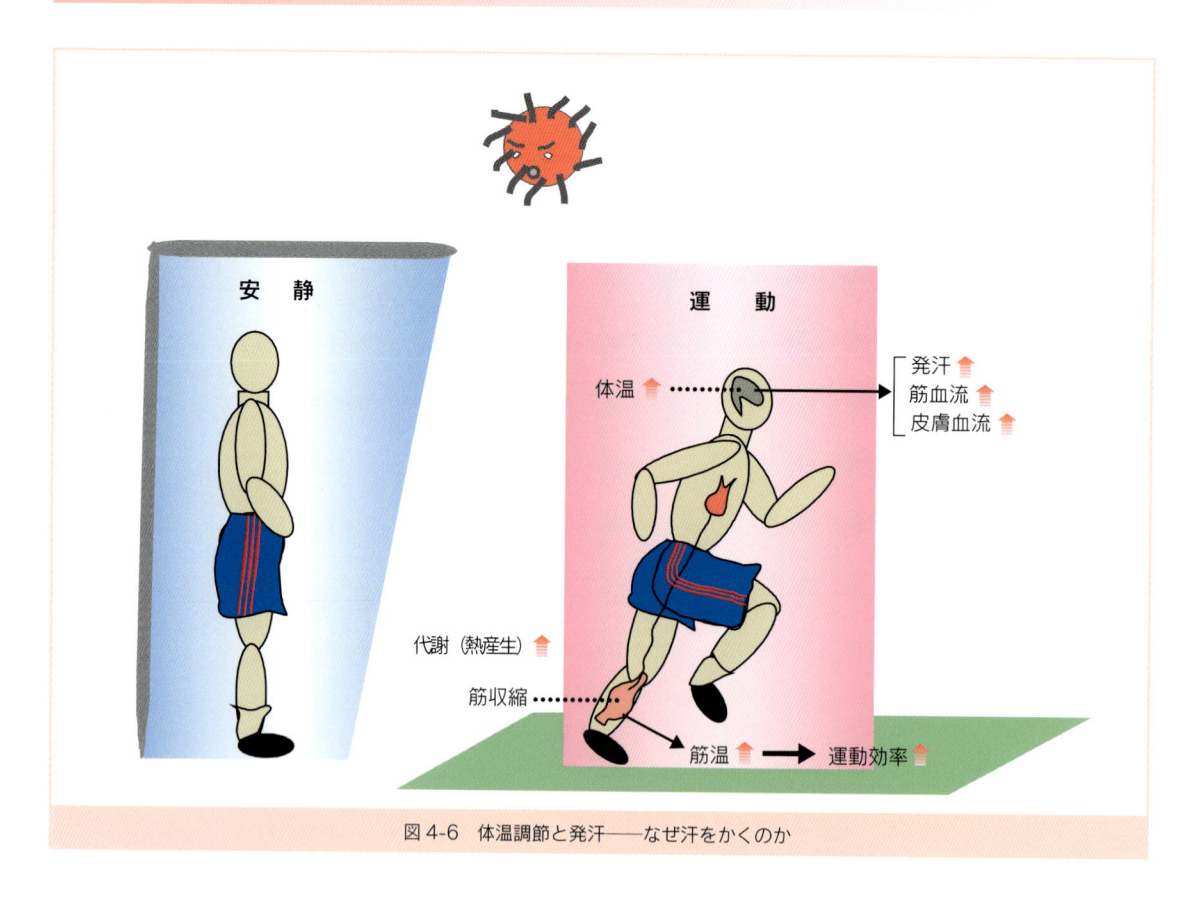

移動（行動性体温調節）することが簡単ですが、試合や練習中ではなかなかそうもいきません。私たちのからだでは、皮膚の血流を増やして外気との温度差を利用して熱放散を行ったり、汗の気化熱により皮膚の温度を下げることによる熱放散を行うこと（自律性体温調節）により、体温の維持あるいは上昇を抑制しています。体温調節には血液量の維持が重要であることがわかりましたね。

じょうずな水分摂取——喉が渇いてからではもう手遅れ

暑熱環境下における脱水がパフォーマンスの維持に影響を及ぼすことは十分に理解できたと思います。それでは、失われたものをどのように補えばよいかを考えてみましょう。体温の調節には血液の維持が重要ですが、発汗により血液の血漿が奪われてしうため、失われた水分や電解質を補わなくてはなりません。すぐにできることは水分を摂取するということですが、その方法について考えてみましょう。

Q 水分はからだのどこで摂取される（取り込まれる）のでしょうか？
　①食道
　②胃
　③腸

コラム 4-1

暑いところ寒いところで

　ブラジルなどのスタジアムでは、よく一人用の浴槽があり、選手たちが入っている光景を見ます。試合前のウォーミングアップなどで上昇した体温を少し下げるために外気温と同じ温度の水にからだを浸すことにより効率よく熱の放散を行うことができます。決して、夏であっても低い水温で行ってはいけません。しかし、相手チーム（アウェー）のドレッシングルームにはこのような設備は設置してありません。

　寒いところでは、ハーフタイムなどのときに大きな浴槽がありそこでからだを温めながら後半に備えるといったこともあります。最近のヨーロッパではベンチの横でリザーブの選手が自転車器具を使ってアップをしている光景も見ます。ただ、多くの選手は、スポーツオイルを塗って筋肉の保温を行っています。残念ながら、日本ではまだまだ選手に浸透していないというのが現状です。これなどはチームで行うことではなく、自己管理の範囲で選手が判断して行っています。

　フランスの4部・5部リーグでの話ですが、寒い日の試合でハーフタイムに、なんとラム酒に角砂糖を浸してからだを暖めている光景を見たこともあります。糖質の摂取と体温上昇とはなんともトレビアン！

　ハーフタイムの話です。バングスボー（デンマーク）らの研究データによると、ハーフタイムに軽い運動をするとしないのとでは、セカンドハーフの立ち上がりのスプリント能力に差が認められるそうです。ハーフタイムの過ごし方もこれからは重要なものとなりそうですね。ちなみに、暑熱環境下で体温を下げようとするあまり、ハーフタイムに冷水などを用いることは避けるべきです。なぜならば、筋肉の温度も下げてしまうことになるからです。

　これまでトヨタカップにおける両チームのウォーミングアップを何回か見てきましたが、スターティングメンバーはアップ時に下肢はジャージを着用していないことに気づきました。非常に寒いときでしたがたいていのチームがそうしていました。あるときに、ACミランのコーチにその理由を聞いてみると、「寒い環境で直前に急に脱ぐと筋肉へのダメージがある」とのことでした。当然、オイルマッサージをしていましたが、なるほどと思いました。

（河端隆志）

　水分は腸管で吸収されます。つまり、口から水分を摂取しても胃を通過して腸管に到達して吸収されるまでにはある程度時間がかかるということです。およそ20分はみておく必要があります。また、運動中は血液が筋肉の方に多く流れていて、内臓への血流が低下しているのでさらに時間がかかることも予想できます。

　図4-7は運動時の水分摂取が体温と心拍応答におよぼす影響について示したものです。図から運動前の水分摂取も有効であることがうかがえます。また、腸管での吸収は浸透圧較差によるものですので、水道水よりは浸透圧が体液に近い

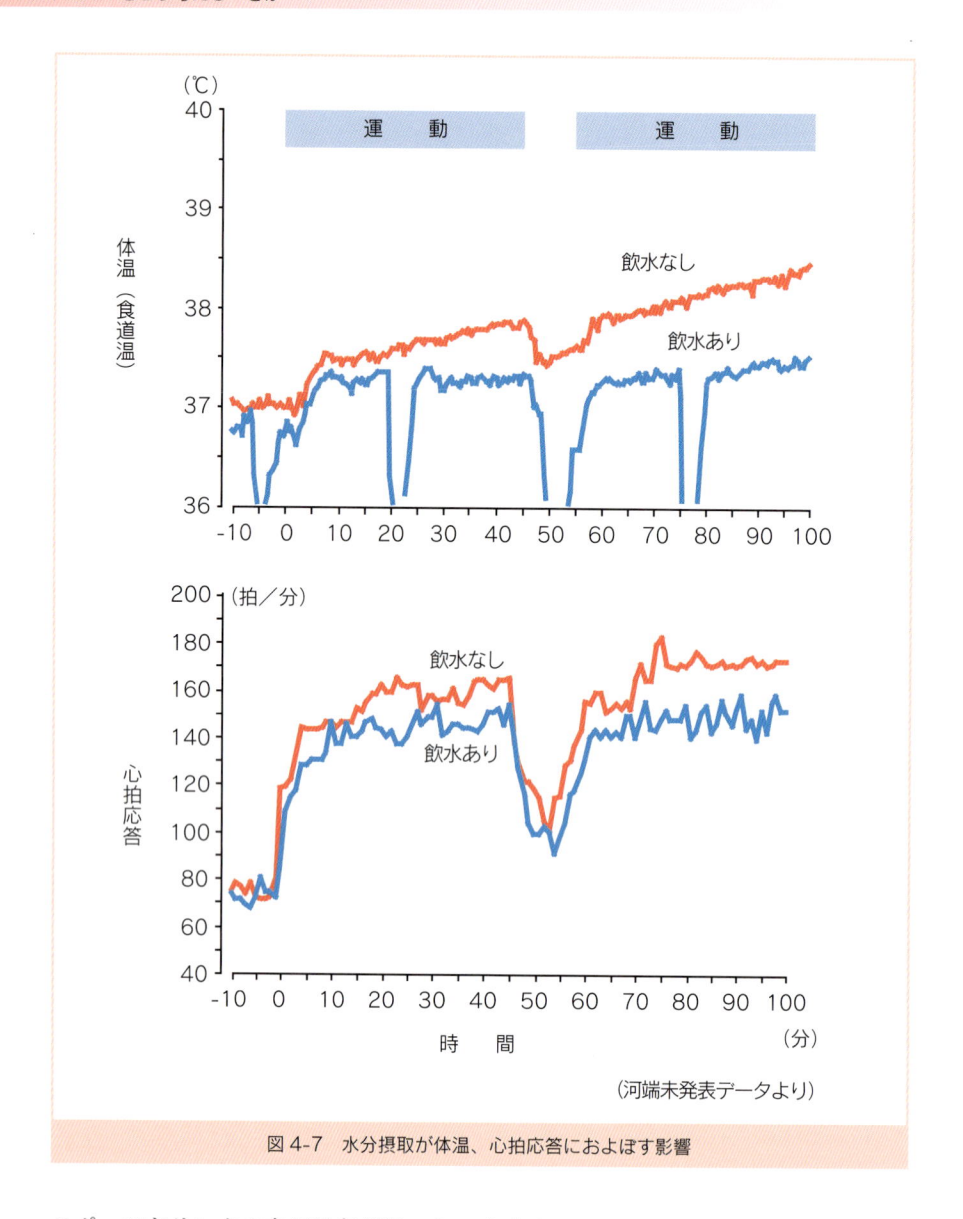

図4-7 水分摂取が体温、心拍応答におよぼす影響
（河端未発表データより）

スポーツドリンクの方が吸収が早いといえます。

　大切なことは、喉が渇いたと感じてからでは、もう遅いということです。早め早めの上手な水分摂取を心がけましょう。

血液量の多い選手は持久力もある

　血液量の維持の重要性についてはみなさん十分に理解できたと思います。それでは血液量と持久性の運動量の関係についてみてみましょう。われわれはこれまで多くのスポーツ選手の「血液量と持久性の運動能」の関係についてみてきましたが、図4-8に示すように持久性の運動能が高い選手は、血液量も多い傾向が認められます。これなども、からだの適応と考えられるでしょう。暑熱環境での練習や試合において、多量発汗などによる血液量の減少が認められますが、血液

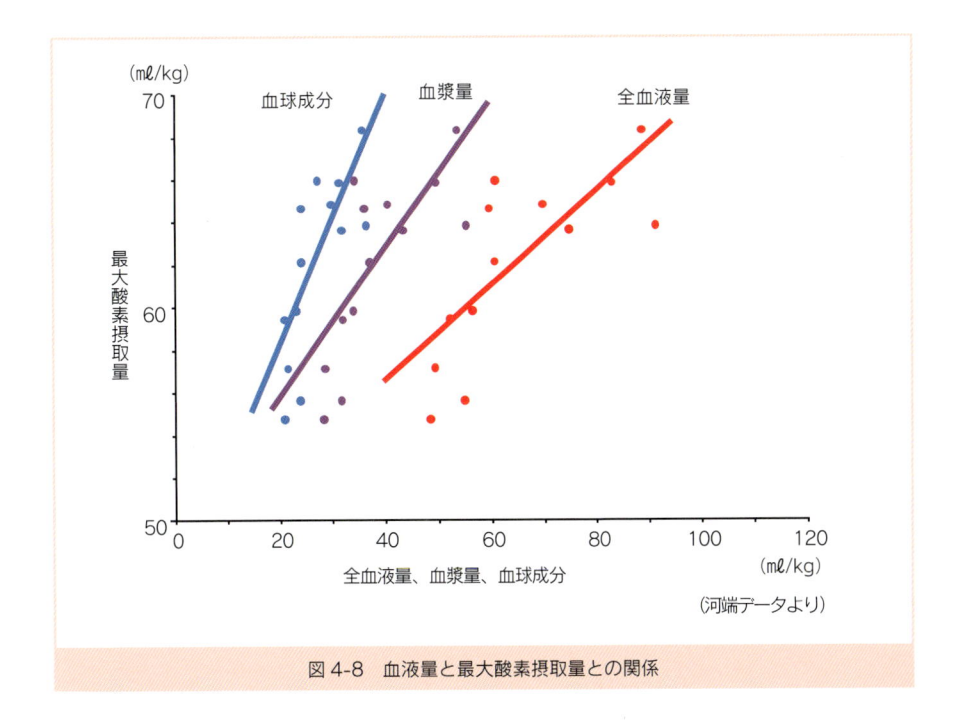

図 4-8 血液量と最大酸素摂取量との関係

量の多い選手はそれでも血管により多くの血液を維持していると考えられます。

必要な体力はやりたいサッカーに依存する

　サッカーでは体力が問われますが、必要な体力とはそのチームがやりたいサッカーで要求される体力と考えることが重要です。そこには、当然レベルがありますが、モダンフットボールの追求とそれに対応する体力に関する問題は常に変化していくようです。ただ、サッカーの発展はめざましいものがあり、要求される体力もレベルが上がっていくものと考えられます。

二軸実践レポート①──京都府立桂高等学校サッカー部

効率のよい動きを求め運動量アップ

　向陽高校・湯浅先生からの「生徒にボールの蹴り方、どう教えてる？」という問いかけが、「二軸動作」との出会いでした。小田先生と中村氏が向陽高校で「二軸動作」の講義と実技を行っていると聞き、ぜひ受講したいと思い、参加しました。

　最初に小田先生と中村氏の話を聞き、理解したつもりでグラウンドでのトレーニングを見ていました。向陽高校のサッカー部の生徒は、中村氏のトレーニングを楽しそうに行っていたので、簡単にできると思っていましたが、小田先生の指導のもと自分でやってみると、なかなかうまくいかず、結局4時間ほどグラウンドにいることになりました。

　2005年度、桂高校サッカー部は、1月に行われた新人戦では、何とかベスト8にはなりましたが、ここ数年の選手に比べると、個々の技術・能力（とくにスピード・持久力）はかなり低下していると感じていました。

　小田先生に指導を受けたことを何とか生徒に伝えようと、毎日のトレーニングの中で「体重移動」「踵の意識」「股関節の意識」など、声がかれるまで指示をしましたが、なかなかうまく生徒たちに伝わらなかったので、中村氏に連絡をとり、インターハイ予選の前というむずかしい時期ではありましたが、3回ほどトレーニングをお願いしました。

　その指導の中で、ロナウジーニョの華麗なステップワークやジダンの魔法のようなコントロール、ベッカムやロベルト・カルロスの強烈なキックがなぜできるのかを見本とともに選手たちに伝えていただき、たいへんよい勉強になりました。

　中村氏の指導を基本にし、練習内容にはステップワークを入れ、ストレッチでは股関節の可動範囲を広げる運動などを追加し、「踵のイメージ」「体重移動」「股関節」を意識させ、技術トレーニングやスピード・持久系トレーニングを繰り返し行いました。

①持久走トレーニング	正確なデータはありませんが、80分間フルに走り回れるなど、ほぼ全員の走行距離が大幅にアップした。「京都一」の運動量との噂もあるほど。
②ボールコントロール	ファーストタッチ、とくに動きながらのコントロールが大幅に向上した。ボールに触れる脚に重心をかけることで次のプレーにスムーズに移れるようになった。
③キック	距離、威力、正確性が増し、スピードに乗りながらのクロス、シュートの技術が向上した。フォワードは動きの中で鋭いシュートが打てるようになり、ディフェンダーは相手の裏まで、しかも正確にボールをキックできるようになった。
④走力	フリーランニングやドリブルでの緩急がつけられるようになった。練習では、踵を意識するため、トレーニングシューズで行っている。

　その結果、インターハイ予選・高校サッカー選手権予選とも、新人大会よりはるかにレベルアップし、優勝こそできませんでしたが、3位になるまでに成長しました。生徒たちの努力、理解があったことがいちばん大きいとは思いますが、この「二軸動作」との出会いが、私が感じていた「簡単なことがなぜできないのか」という指導上の疑問を解決してくれた大きな要因であったように思います。今後ももっと詳しく勉強をして、生徒たちに伝えられるようになりたいと考えています。

（京都府立桂高等学校サッカー部顧問　平井幹弘）

[二軸実践レポート②──京都府立向陽高等学校サッカー部
プレーの連続性、やわらかい身のこなし]

　本校サッカー部は、体育の授業で二軸動作の講習を受け、部活動で実際に二軸動作の実践トレーニングを行いました。以下に取り組んだ内容とその効果を報告します。

　サッカーにおける二軸動作の利点は、プレーとプレーの間が空かないということです。つまり、プレーが決して止まらず、連続的にプレーができるのです。トラップからドリブル、シュートまでのプレーを一連の流れで行う感覚です。三つの動作が含まれていますが、これを三つのプレーの組み合わせとして捉えるのではなく、三つのプレーを一つのプレーとして捉えることで、プレーとプレーの間に生じる間がなくなり、連続性を持ったプレーが可能になります。

　次にシュートです。以前まではゴールの枠を超えるようなシュートを打つことが多かった選手が、ゴールの枠の中に入る確率が高くなりました。この大きな要因はキック時の踏み込み足、そして蹴り足の感覚の捉え方が大きく変わったためと考えられます。立ち足の踏み込みが強いと、からだの加速の勢いを止めてしまうことになります。強い踏み込み足に注意するのではなく、蹴り足に注意を向け、蹴り足に体重、加速で得た力を伝えます。体重を支持足と蹴り足のどちらに乗せるかで、部員のシュートの質が大きく変わってきました。

　最後に、二軸動作特有の「筋力」「外力」どちらも利用できるプレーができるようになったことです。それは自分の持っている力、たとえば筋力だけに頼るのではなく、相手の押す力（外力）などもうまく利用することでプレーの幅が広がってきたということです。当たりが極端に強くなったということはありませんが、自分のからだの使い方、相手と接触するときのからだの使い方がうまくなりました。ボディーコンタクトで相手を吹き飛ばすという感覚だけではなく、相手のパワーもうまく利用すれば前進したり、加速したりできるということを実践を通じてからだで感じ、体得したようです。背後からの当たりに耐えるだけでなく、その力を活用しプレーする。ゴール前であれば、押してくる相手の力を利用しスルスルと中央突破する。自分のもっている力「筋力」だけでなく、相手が押してくれる力「外力」をうまく利用すればプレーの幅は今よりも大きく広がります。

　本校サッカー部員は、二軸動作を取り入れることで、以上のようにプレーに大きな変化がありました。その中でもとくに、プレーに連続性が生まれたことがいちばんの収穫です。今後の課題は「走る」ということです。「長く走る」「速く走る」「走りに緩急をつける」と、いろいろな意味で走りの質を上げることが、プレーの上達に直結するだろうと考えています。

（京都府立向陽高等学校サッカー部顧問　湯浅新太郎）

二軸実践レポート③──大阪市立桜宮高等学校サッカー部
一試合を通して全力でかけ続けるアプローチ

　本校サッカー部では、現在二軸動作を活用しながら基本技術のトレーニングを行っています。中村先生に指導していただく以前から、コーチの指導によって二軸動作でのインサイドキックなどを練習していましたが、とくに1年生にとっては「二軸動作」という言葉が独り歩きしているようすで、体得するのがむずかしかったようです。

　「静的安定動作」主体で基本技術を練習してきた選手たちは、聞き慣れない言葉や見慣れない動作にとまどったり、イメージがわかなかったり、間違った捉え方をしたりと、いま一つピンとこないようでした。しかし、先生方から多方面にわたり参考になる意見をいただき、私自身の頭の中も整理ができた頃から、選手たちの動作も少しずつ変わり始めました。

　「膝を抜く」という二軸動作の基本と、「踵を踏む」という動作が実は同時進行であるということが私自身の頭の中でつながったのです。サッカーにおいて「踵を踏む」という動作が、ボールを持っているとき、いないときのいずれに関してもキーワードになると考えました。

　その一例として、アプローチをかけて止まる瞬間に、両脚の股関節を外旋させた状態（いわゆるパワーポジション）で踵を踏んで止まるという動作です。そうすると当然のことながら、自然と「膝の抜き」が生まれます。それにより、1対1の守備の対応がスムーズにできるようになります。前後・左右への動き出しのスピードが明らかに速くなります。また、筋力だけで止まるのではないので疲労が少なく、一試合を通して全力でアプローチをかけることができると考えました。そのための股関節可動域を広げるトレーニングを発案しました（写真5-1）。

　また、指導する側の私の言葉やトレーニング方法にもバリエーションが生まれ、臨機応変に選手に伝わりやすい言葉で説明することができるようになりました。とくに、選

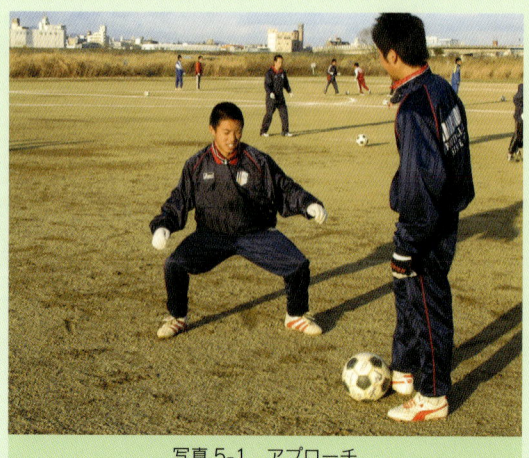

写真5-1　アプローチ

写真 5-2　股関節の可動域を広げるトレーニング

手の能力・体力の違いや場面の違いによって、「膝を抜く」という言葉以外に「踵を踏む」という言葉がけをするようになりました。この使い分けを実感できたことが指導転換の大きなきっかけとなっています。まだまだ本格指導の初期段階ではありますが、確実に二軸の感覚を体得する選手が増えてきています。

　そのほか、いくつか実践例をあげたいと思います。まず、「パス＆ゴー」から「パス・ゴー」への転換です。

　二軸動作ではパスを出した足がゴーの1歩目になっています。ボールに対して立ち足ではなく、蹴り足を合わせることによって、走りながらパスが出せます。するとパスとゴーの動きが一体となって一瞬のタイムロスをカットでき、相手選手より早く動き出すことが可能になります。主役はあくまでボールという発想です。もう一つの大きなメリットとして、パスを出す瞬間までどこにパスが出るのかがわかりにくいということもあります。

　最後に、股関節可動域を広げるトレーニング法を紹介します（写真 5-2）。両足を着地させた状態から太ももを外旋させて足幅のスタンスを広げ、上体を左右に移動させながら遊脚の股関節に重心が乗っていく感覚を磨きます。このとき肩のラインを水平に保ち、重心を乗せる側の踵が地面から浮かないように注意します。

　さらに、この動作を基本に歩行することで、自然に腸腰筋・大腿筋群などの筋肉の使い方を覚えることができます。坂道をいかに楽に登ることができるかという練習も膝の抜きを覚えるのに有効です。現在は、その他にも二軸動作を活用したトレーニングを行っています。今後ますますスムーズかつ効率的なからだの使い方やキックを体得し、レベルアップを図りたいと思います。

（大阪市立桜宮高等学校サッカー部顧問　安達和明）

二軸実践レポート④──京都大学4回生
二軸動作の授業を受けて

写真5-3 二軸動作の授業風景

　二軸動作を学び始めてまず変わったなと感じたことは、足をつらなくなったことです。これまでは試合の終盤になればふくらはぎがつることが多かったんですが、それがなくなり、それとともに運動量が増えました。走るときに使う筋肉を間違えていたということが、授業を通して実感出来た結果だと思います。
　それからサッカーのチームメイトに「足速くなってない？」といわれたりもしました。ドリブルのときもですが、加速する際にうまく膝が抜けて無駄なく加速できたときは自分でも実感があります。
　次にキックについてですが、どのキックでも同じですが、ボールに体重を乗せることが基本です。自分自身これまで、助走の勢いを無駄にしているのではないかと疑問に思っていましたが、それはまさに立ち足に体重を乗せる蹴り方をしていたからでした。二軸の蹴り方を実践してみると、今までいかに立ち足に体重が残ったまま、蹴り足だけで蹴っていたかがわかりました。
　もう一つ以前から疑問に思っていたことが、一流の選手は一見無理に見える体勢からでもいいボールを蹴ることができるということでした。これはJリーグに来る外国人選手でもよく目にする光景でした。僕はただ単に、外国人との身体能力の差だと思っていましたが、実際はそうではなく（もちろん身体能力も優れてはいるだろうが）、軸足の考え方の違いが大きかったと思いました。無理な体勢というのは、蹴る動作に無理がある体勢であるが、蹴り足を軸にして体重を乗せることができればボールが蹴れるということが、講義と練習を通じてわかってきたので、以前よりはよくなってきたと思います。
　僕自身まだまだからだの使い方も不安定ですが、少しずつ成果が実感出来る部分も増えてきているので、これからも継続して意識して練習していこうと思っています。

（京都大学4回生　田中宏和）

おわりに

　2006FIFAワールドカップドイツ大会も1ヶ月に及ぶ舞台に幕を下ろしました。全64試合最後の勝利者となったのはイタリアでした。ワールドカップとは、それぞれの国が文化や国民性をバックグラウンドとしたモダンフットボールを表現する場であり、新たなフットボール発見の場でもありました。

　今大会の特徴の一つは「チームガイスト」というボールの出現と、このボールの特徴を生かしたミドルシュートでした。胸のすくような数々のミドルシュートの弾道は記憶に新しいところですが、その弾道を生み出したシューターのキック動作は、蹴り足に体重をかけるようにして蹴る二軸動作でした。どのキックも、キッカーの魂が蹴り足を通じてボールに乗り移ったかのようにキーパーに襲いかかりました。

　優勝チームのイタリアをはじめ、ディフェンス力が目についた大会でもありました。事実、64試合の1試合あたりの得点は最近の大会で最も低い数字を示しました。しかし、これがフットボールの後退を意味するのではなく、まさに「モダンフットボール」を感じさせることになりました。

　とくにイタリアの守備は、すばらしい組織ディフェンスでした。中盤でボールを持っている選手に対し、ファーストディフェンダーが当たり、相手選手がそれをかわすところを狙って他の選手が二の矢、三の矢を放つ。これこそが組織的なディフェンスだといわしめるに十分なみごとなものでした。改めて、中盤のディフェンシブ・ミッドフィールダの重要性が問われたのではないかと思われます。ここで重要なことは、組織ディフェンスを支えていたのは、巧みな個人の動作だったということです。まさに、左右軸をすばやく切り換える動的安定動作を有した個人が創り出す組織的な動きでした。

　著者（河端）は、「フィジカルが足りなかった」といういつもの理由で、今回のワールドカップにおける日本代表の予選リーグ敗退が語られるとすれば、それは日本サッカーの退歩を意味すると考えています。日本も3大会連続出場を果たし、確実に前進はしていますが、本当の課題を見つける時期にきているのではないでしょうか。その課題の根本は、からだの動かし方とその考え方、感じ方にあります。

　本書をお読みになって、頭でなるほどと理解できても、いざグラウンドでそのとおりにやってみようとすると、からだというものはなかなかうまくは動いてくれません。すばらしいプレーをしたとき、自分のからだであっても自分のからだでないような、あたかもサッカーの神様が動かしてくれたような不思議でありがたい感じがするのはなぜなのでしょう。本書では、そのようなからだからのメッセージを手がかりに、サッカーの動きについて皆さんと一緒に考えてきました。

　からだは黙して語りませんが、そっと耳を傾けてあげると、きっとあなたのその誠意に応えてくれます。感覚が変われば、プレー自体がらりと変わってきます。まずは、本書の中の自分に合った「これだ！」という動きを見つけてください。それには、本で読んだことにこだわっ

て頭で動作をつくるのではなく、自分の感覚で動作を見つけていってください。見つかったとき、からだが「これだ！」と応えてくれます。

＊　　　　＊

特別に原稿をお寄せくださった小嶺忠敏先生（長崎県立国見高等学校サッカー部総監督）の所には、ご多忙の中、何度もお邪魔させていただきました。心からお礼申し上げます。楢崎正剛選手（名古屋グランパスエイト）、池田誠剛氏（横浜F・マリノス フィジカルコーチ）、湯浅新太郎先生（京都府立向陽高等学校）、平井幹弘先生（京都府立桂高等学校）、山本幸治先生（大阪市立桜宮高等学校）、安達和明先生（大阪市立桜宮高等学校）、細谷洋子先生（鶴川女子短期大学）、東洋一先生（ひがし歯科）、三ッ井滋之氏（㈱アシックス）、田中宏和君（京都大学）には、本書の内容をより豊かにするコラムを執筆していただきました。心よりお礼申し上げます。木寺英史先生（久留米工業高等専門学校）、小山田良治先生（五体治療院代表）にも、コラムおよび図を頂戴しただけでなく、サッカーの動作を考える上で、実に多くの示唆をいただきました。また、写真撮影にあたっては、大阪サッカークラブ㈱（セレッソ大阪）のご協力でグラウンドをお借りすることができました。この場を借りて、厚く御礼申し上げます。

大修館書店の綾部健三氏には、読者の目で文章を書くことの重要性をお教えいただき、刊行まで辿り着くことができました。取材、撮影にまで足を運んでいただき、紙面づくりに対して温かい励ましと具体的な助言をいただきました。本というものが、著者と編集者の二軸で初めてできあがるものであることを学ばせていただきました。この場をお借りしまして、厚く感謝申し上げます。

＊　　　　＊

著者たちは、からだの動きの自然性を自分のからだとその感覚で探っていくことを左の軸に据えて、一方で、武術の動きを観察し、サッカーや他競技における世界の一流選手の動きを学び、解剖学、スポーツ科学などの科学研究のエッセンスなど、さまざまなものを取り込み、味つけをして右の軸を形成してきました。これからも、その左右の軸の進化は続いていきますが、それらの総体が二軸動作です。二軸動作は、固定した理論ではなく、自分自身で創り上げていくものであり、変化・進化していくものです。ですから著者（小田）は、二軸理論とはいわずに、二軸動作といっています。

我々は、日本サッカーを築いてこられた諸先輩方の血の滲むような努力の結晶から、二軸動作は生まれていると感じています。今、私たちはサッカーという競技を純粋に愛し、精一杯楽しむことができます。それは日本のサッカーを築いてこられた先人の方々の並々ならぬ努力があってこそなのです。そのことに心から感謝致します。

本書がサッカーを愛する方々の大切な一冊になってもらえることを切に祈ります。

平成18年9月15日
中村泰介、河端隆志、小田伸午

■著者紹介

■中村泰介（なかむら たいすけ）
1979年生まれ。長崎県立国見高校、大阪教育大学教育学部卒、同大学院修士課程修了。同大学附属中学校勤務を経て、2005年より京都大学非常勤講師。国見高校時代にはサッカー部主将。その後イタリア、ブラジルのプロチームへサッカー留学。現在、人間の身体所作、身体教育を研究。

■河端隆志（かわばた たかし）
1960年東京都生まれ。日本体育大学大学院修士課程修了。大阪市立大学教養部助手、講師を経て、公立大学法人大阪市立大学都市健康・スポーツ研究センターおよび大学院医学研究科基礎医科学研究専攻運動環境生理学分野助教授。医学博士。主な研究は「運動時の体温調節および運動能に及ぼす血液量の生理学的意義」「サッカーのフィジカルフィットネスに関する研究」など。
日本サッカー協会医科学委員会委員や日本フットボール学会理事を歴任し、Ｊリーグ所属チームの体力測定などを行っている。大阪市立大学サッカー部監督。

■小田伸午（おだ しんご）
1954年生まれ。東京大学教育学部、同大学院博士課程単位修得退学。京都大学教養部助手を経て、2005年より京都大学高等教育研究開発推進センター教授。人間・環境学博士。元日本代表ラグビーチーム・トレーニングコーチ。人間の身体運動や運動制御機構を、生理・心理・物理から総合的に研究。
□主な著書：『スポーツ選手なら知っておきたい「からだ」のこと』、『剣士なら知っておきたい「からだ」のこと』（共著）（以上、大修館書店）、『運動科学──アスリートのサイエンス』（丸善）、『身体運動における右と左』（京都大学学術出版会）
□ホームページ（常歩秘宝館）
http://www.namiashi.com/hihoukan/

■撮影協力
竹田良祐・日下尊文・加藤彰紘（大阪市立大学サッカー部）
大松 敬・元田庄吾（高田フットボールクラブ）
中山 啓（興国高等学校サッカー部顧問）
田中 悠・御神本真一・安本直哉（大阪教育大学男子サッカー部）
長澤由季（大阪教育大学女子サッカー部）
馬木克仁（知新館）　　　　　　　　松田有司（京都大学大学院）
大阪サッカークラブ㈱（セレッソ大阪）　名古屋グランパスエイト

サッカー選手なら知っておきたい「からだ」のこと
©Taisuke Nakamura, Takashi Kawabata, Shingo Oda 2006
NDC783 134P 26cm

初版第１刷────2006年11月20日

著　者────中村泰介　河端隆志　小田伸午
発行者────鈴木一行
発行所────株式会社　大修館書店
　　　　　　〒101-8466　東京都千代田区神田錦町3-24
　　　　　　電話　03-3295-6231（販売部）　03-3294-2358（編集部）
　　　　　　振替　00190-7-40504
　　　　　　［出版情報］http://www.taishukan.co.jp
　　　　　　　　　　　　http://www.taishukan-sport.jp（体育・スポーツ）

装　　　丁────大久保浩
扉・本文デザイン────和田多香子
写真撮影────フォート・キシモト
本文レイアウト────加藤　智
印　刷　所────横山印刷
製　本　所────難波製本

ISBN4-469-26612-4　Printed in Japan
Ⓡ本書の全部または一部を無断で複写複製（コピー）することは、著作権法上での例外を除き禁じられています。